这样路演就对了

富兰克林柯维
教你建立商务演示优势

[美] 科丽·科歌昂、布瑞克·英格兰、朱莉·施密特 ◎著
易文波 ◎译　郁　伟 ◎权威解读

PRESENTATION
ADVANTAGE

SPM
南方出版传媒
广东人民出版社
·广州·

图书在版编目（CIP）数据

这样路演就对了 /（美）科丽·科歌昂（Kory Kogon），（美）布瑞克·英格兰(Breck England)，（美）朱莉·施密特（Julie Schmidt）著；易文波译．
—广州：广东人民出版社，2016.11
ISBN 978-7-218-11113-1

Ⅰ．①这… Ⅱ．①科… ②布… ③朱… ④易… Ⅲ．①商务-演讲 Ⅳ．① H019

中国版本图书馆 CIP 数据核字（2016）第 186588 号

Presentation Advantage: How to Inform and Persuade Any Audience by Kory Kogon, Breck England, Julie Schmidt
Copyright © 2015 by Franklin Covey Co.
Simplified Chinese translation copyright © 2016 by Grand China Publishing House
Published by arrangement with BenBella Books, Inc. through Bardon-Chinese Media Agency
All rights reserved.

No part of this book may be used or reproduced in any form without the written permission of the original copyrights holder.

本书中文简体字版通过 Grand China Publishing House（中资出版社）授权广东人民出版社在中国大陆地区出版并独家发行。未经出版者书面许可，本书的任何部分不得以任何方式抄袭、节录或翻印。

Zhe Yang Lu Yan Jiu Dui Le
这样路演就对了

[美]科丽·科歌昂　布瑞克·英格兰　朱莉·施密特　著　易文波　译　　版权所有　翻印必究

出 版 人：曾　莹

策　　　划：中资海派
执 行 策 划：黄　河　桂　林
责 任 编 辑：肖风华　古海阳　张　静
特 约 编 辑：宋金龙　林海旋
版 式 设 计：王　雪
封 面 设 计：红杉林文化

出版发行：广东人民出版社
地　　址：广州市大沙头四马路10号（邮政编码：510102）
电　　话：(020) 83798714（总编室）
传　　真：(020) 83780199
网　　址：http://www.gdpph.com
印　　刷：深圳市福圣印刷有限公司
开　　本：787mm×1092mm　1/16
印　　张：14　字　　数：180千
版　　次：2016年11月第1版　2016年11月第1次印刷
定　　价：42.00元

如发现印装质量问题，影响阅读，请与出版社 (020-83795749) 联系调换。
售书热线：(020) 83795240

致中国读者的信

亲爱的读者们：

不善表达往往是导致会议低效、良机错失的主要原因。换句话说，在21世纪的职场中，太多太多的人因缺乏强有力的表述和说服方法遭遇了挫折，却不明白其中原因。

要想在职场和人生中力拔头筹，就必须掌握传递信息和说服他人的高效方法。在职场中，我们总是需要做大量思考、创作、创新和执行等知识型工作。因此，如何高效传递优秀理念、阐述革新优势变得尤为重要。能否做到这一点，将直接决定我们是否能在激烈竞争中获得成功。

我们的新书《这样路演就对了》旨在为读者拨开层层纷扰，揭露时下职场中存在的问题。我们在书中提供了一系列切实可行的建议，手把手教大家如何传递强有力的信息，以及如何利用视觉冲击力强的图片包装信息。只要掌握这些方法，任何人都能高效传递信息，并成功说服他人采取行动。

我们深知时间宝贵。如果你能抽空阅读《这样路演就对了》，我们将倍感荣幸。同时我们也承诺，如果你能将书中的理论、技巧和方法加以运用，定能在各类商务演示中取得成功。

领衔作者　科丽·科歌昂

推荐序 I

商务演示——用直击人心的方式获取竞争优势

陈俐同
富兰克林柯维公司新加坡及大中华区总裁

我们每天无时无刻不在与他人交流。无论一对一还是一对多,高效演示技巧都是在职场取得成功最重要的必备能力之一。然而,进行演示既是一种机遇,也是一种挑战。我们都曾心怀某个有力的主张或出色的建议,但要么因为糟糕的表述而出师未捷,要么因为不具备用震撼人心的方法进行沟通的优势,而错失支持。

除了成功本身之外,所有成功的领导者都有一个共同点:那就是高超的演示技巧,以及阐述观点时直击人心的方式。糟糕的演示技巧总是让人错失良机。无法用直击人心的方式高效而有力地表述事件的利弊,就无法抓住稍纵即逝的机会。本书的主题,就是教你如何用高效演示震撼听众。作者在书中提供了实用的技巧和最新的神经学研究,帮助你以最高效的方式传递信息,更好地影响、说服他人。你将因此获得当今商业环境下非常珍贵且实用的竞争优势。

推荐序 II

》演示是一门技术，更是一门艺术

郁 伟
富兰克林柯维公司高级顾问

作为一名专职培训顾问，我在10年的职业培训生涯中，已经讲授了100多场商务演示技巧课程。我常被邀请到各个公司去教授、辅导他们的领导者和员工，提升其商务演示技巧。这些公司涉及互联网、IT、汽车、医药、制造业、通讯、广告、娱乐、房地产、商业零售等多个领域，参训人员的职位也是多种多样，其中包括了公司高管、各职能部门经理、工程师、销售人员、市场人员、管理培训生、公关广告人员等。他们为什么要参加商务演示技巧培训呢？

很多公司会说，这些员工的工作技能真的很不错，可让他们做商务演示的时候，其表现实在是太不专业了！

这些不专业的商务演示也为及员工带来了极大的负面影响。公司会议中的报告乏味、冗长、低效、缺乏说服力，浪费了大量有效的沟通时间。就算他们的演示对象是客户，情况也好不到哪去。这些毫无条理、逻辑、说服力的，仅仅是堆砌了大量数字和信息的演示，一方面会令客户感到痛苦不堪，另一方面将大大削弱公司产品、服务和品牌在客户心目中的声誉和形象。以前总说"酒香不怕巷子深"，但放在今日未必如此。这是一个喧嚣的时代，更是一个需要在喧嚣中清晰表达观点的时代。作为一名职场人，你需要踏实做事，更需要自信演示！不懂演示技巧，怎敢混职场？

在给一些外企培训的过程中我发现，很多中国员工都有一些类似的困惑。我们知道，外籍员工大多早在学生时代就已经开始进行演讲训练，用演示的方式完成口头作业。相反，中国的学员在读书期间更偏重于书面训练，鲜有机会站起来用口头表达的方式呈现自己的观点及想法。而在外企，商务演示被大量运用于会议、汇报、电话中，因此，不难想象，中国员工来到外企，将因为缺乏商务演示技巧面临多大的挑战！

常有人问我："演示是门艺术活，还是门技术活？"请想一下，是艺术容易修炼，还是技术更容易复制、掌握呢？通常，技术更容易复制与掌握，而演示中的艺术成分需要每一位演示者发挥自己的特长与魅力（或许还需天赋及悟性），基于这一点，即使你看了很多名家大师、政治家、商业大咖的演讲录像，学习影视剧中演讲的桥段，恐怕也很难模仿到位，甚至还会产生"东施效颦"的效果。

相反，对于演示中的技术成分，则完全可以通过后天的努力和训练掌握，请扎扎实实地思考如何建立 3 种连接（连接听众、信息和你自己），遵循 3D 法则（Develop、Design、Deliver），打造强有力的信息，设计有冲击力的视觉效果，精彩呈现你的内容，再运用两个 P（Preparation、Practice），做足准备，勤加操练。我相信，你一定可以成为一位具有说服力和影响力的演示高手！加油！

推荐序 III
》路演创造价值

韩小杰
创业公社(NGO)创始人

2016年将是整个资本界的寒冬,但就目前而言,中国创业风潮依然势不可挡,越来越多的创业者奋不顾身投入到了这股风潮当中。然而,弄潮不易,无论是初创项目还是二次创业企业,首先一定要赢得投资者的关注和青睐,才有可能继续走下去。

资本是创业的血液。离开了资本的支持,就像身体缺少血液一样,整个肌体将无法运转,直至心脏衰竭死亡,这是多么可怕的结局!而创业项目路演,主动赢得投资者的关注,继而让资本有兴趣了解你的创业项目,成了决定胜败的关键。路演不仅仅是一对多,说的再宽泛一点,即使私下一对一的交流,也是小范围的"路演",只有沟通高效的即时路演,才有可能最终赢得资本的关注和支持,创业项目才有可能在春天到来之前熬过寒冬!

那么,如何赢得投资者的"严重"关切呢?如何打造强有力的信息以获得关注呢?在注意力持续时间退化到8秒的当下,是否存在一种神奇的力量,能持续牵引投资者,令其认真聆听到路演的最后一秒?如果答案是肯定的,又该怎样得到它?

富兰克林柯维公司三位专家共同打造的《这样路演就对了》,俨然成了穿透"分心时代"的利器,只需三步,即可掌握 3D 吸睛大法,快速打造高效路演的技巧。

权威推荐

雷吉娜·R. 特斯塔

美国施乐公司副总裁

我们活在一个充满干扰的世界里，所有人的时间都很紧缺。无论身处怎样的场合，每个成功的商业人士都需要掌握能够吸引并牢牢抓住听众注意力的技能。富兰克林柯维公司出品的《这样路演就对了》，能够让你获得相应的竞争优势，助你成为自信的演示大师。你将成功说服听众，并让他们采取行动。

王秋芬

三牛众创空间董事长

太多人因为不善表达、抓不住重点，在职位晋升或项目推进的过程中遭遇瓶颈，甚至举步维艰。这本书将帮助你建立演示优势，学会开口说重点，在"分心时代"迅速抓住上下级注意力，通过高效传递优秀理念，说服他人采取行动、实现晋升或拿到投资款项，在激烈的职场竞争中获得成功。

杨思卓

中商国际管理研究院院长

演示,不单单是向客户或投资者介绍项目的商业技能,更是建立人际关系的必备能力。通过演示,我们连接信息、连接情感、连接团队、连接客户。总之,高效的演示能够连接世界!

李忠秋

《结构思考力》作者、结构思考力学院创始

擅长演示的人,一定是个擅长思考的人!本书不仅教会我们掌握高效传递信息的技巧,更从改善思维的角度,教会我们如何运用一个非常简洁的思考结构(3D法则),设计出一场不但让对方愿意听、听得懂更能让对方有所行动的成功演示。全书结构清晰、方法实用,任何想提高思考与表达能力的职业人都应一读!

科琳·多肯多夫

Ryan Companies US,Inc. 人力资源副总裁

太实用了!书中提出的"开发—设计—传递"流程适用于一切形式的演示。无论是开例会还是做正式路演,你都能通过这本书学会如何将激情和目标注入所有谈话中。任何想要真正与听众建立连接的人都会非常珍惜这本书。这本书为我们提供了一套简单实用的学习系统,教我们如何成为一名高效沟通者,如何获得所有专业领域必备的基本技能。

保罗·施瓦茨

ThermoLift 公司总裁

如何进行高效沟通的问题，令人百思不得其解。在日常商业活动中，我们总是不幸沦为低效演示的受害者，无穷尽的 PPT 展示以及枯燥乏味的演示信息让人痛苦不堪。而事实上，只有少数人真正掌握了高效沟通的技能。从第一页开始，富兰克林柯维公司出品的《这样路演就对了》就抓准了这个问题。书中为我们提供了思路清晰的演示策略，告诉我们如何在最关键的开场 30 秒内吸引并牢牢抓住听众的注意，高效且富有激情地传达信息。任何希望成功传递信息的人都应该对此品读一番。

迈克尔·E. 福克斯

Dainippon Screen 董事长

浪费别人时间是人类一大通病。准备不充分、研究不足、信息传递效率低的演示，就是浪费他人宝贵时间的一个典型案例。富兰克林柯维公司出品的《这样路演就对了》全面地、结构清晰地为我们呈现了打造高效演示的整个过程。对于每一个需要进行商务演示的人来说，它是基础读物，更是必备之书。

朱迪思·G. 雷吉斯坦纳博士

科罗拉多大学医学院女性健康研究中心主任

对很多人而言，公开演讲或做任何形式的演示都是最可怕的经历之一。《这样路演就对了》为这种恐惧提供了一剂解药。无论你是第一次做路演的菜鸟，还是经验丰富的演讲人，这部伟大的作品所提供的实用方法都将对你提高沟通技能大有裨益。同样重要的是，书中提供了一套从准备直至演示结束的系统方法，它能使整个演讲流程变得非常易于管理。而通过作者所举的案例以及他对此进行的详尽分析，我们对演示的流程也就清晰明了了。

肯·英格拉姆

SCREEN GP Americas, LLC 美洲地区销售和市场副总裁

我们都有过这样的经历。煎熬地开着会或听着路演，眼睛却盯着自己的手机，脑子里也转着别的事情，对台上的演示完全不感兴趣。当然，也会有情况相反的时候。为了消除可能导致听众分心的所有因素并牢牢吸引他们的注意，确保演示达到甚至超出预期效果，我们呕心沥血，使出浑身解数。目前市面上大部分相关书籍所关注的，都是如何"进行"一场高效演示。而《这样路演就对了》除了教你如何高效演示之外，还向你揭示了其中的奥秘，这才是本书的价值所在。作为商业领袖，我们经常需要在短时间内说服听众，并引导他们做出改变。跟我们有同样需求的人都应阅读此书。

埃丽卡·纽伯特·坎贝尔

英国外交及联邦事务部负责人

问题的关键在于，优质的信息是否配有优秀的信使为之传递。少了经验丰富的演示人，这些信息将永远不能被他人所接收，而本书恰恰能够改变这样的局面。

如今，在充满干扰、信息过载的科技时代下，演示人只能利用区区几分钟的时间捕获听众注意。《这样路演就对了》能助你打造强有力的信息，并以此激励他人做出改变，达成难以实现的目标。高效传递信息的技巧总是被忽略，但它确是能够带来最佳效果的关键一环。

加里·陶卡奇
陶卡奇学习中心总裁兼首席执行官

学会如何高效传递信息并说服他人行动，是一种能给商业和生活带来无穷价值的技巧。《这样路演就对了》中的内容令人惊叹，它为我们介绍的高级演示技巧，绝对适用于当今这个充满干扰、人们注意力急剧下降的世界。本书相当实用，同时读起来也非常有趣。我真心迫不及待地想要将它推荐给我的学员们。

詹妮弗·戴
美国乔治亚—太平洋公司销售、培训&开发经理

与听众建立连接对于每一场商务演示而言都是至关重要的。富兰克林柯维公司在《这样路演就对了》中分享了一些可靠策略，能够助你成为真正的高效演示人。在当今的商业文化背景下，故事和视觉元素是最能吸引听众注意的。本书的出色之处在于，它既注重演示的风格，又重视传达信息的技巧，让演示具备十足的冲击力。

克雷格·埃斯卡米利亚

拉玛尔大学商学院管理学讲师

　　此书集实践案例、逻辑方法论、实用演示工具、机智幽默，以及晚年柯维博士的智慧于一体，对于每一个需要进行商务演示的人来说都是不可或缺的。

丹尼丝·D. 葛姆雷

Diamond Drugs, Inc. 人力资源主管

　　从个人角度而言，我真希望这本书20年前就出版了……我可怜的听众们，那些年一定被我害得不轻。而从人力资源方面考虑，我认为掌握这些技能可以让你获得竞争优势，对你的职业生涯发展将大有益处。

贾森·W. 海耶斯教授

多恩学院副学监

　　作为一名大学教授，我在上课时需要大量使用PPT。《这样路演就对了》让我在演示技巧方面有了很大的提高，作者在书中列举的创意技巧也让我受益匪浅。通过展示现实世界的成功案例，这本书把我的课堂带到了一个全新的高度。

作者简介

科丽·科歌昂（Kory Kogon）
犹他州值得关注的商界女强人之一
富兰克林柯维公司"高效"概念的全球实践领导者

富兰克林柯维公司"高效"概念的全球实践领导者，拥有25年从一线职位到团队管理的业务经验，专注于研究时间管理、项目管理和沟通技巧。加入富兰克林柯维公司之前，她曾在AlphaGraphics公司担任6年的全球营运执行副总裁，主要负责帮助全球加盟商开创业务，组织员工培训以提升其业绩能力。另外，她还发起ISO 9000在全球范围内的推广，并为公司建立了一套全球学习系统。

2005年，科丽被《犹他商业杂志》评为"犹他州值得关注的商界女强人之一"。2012年，她又获得神经领导学学院颁发的神经领导学奠基者荣誉证书。她还是《非正式项目经理的项目管理》以及《激发个人效能的五个选择》的合著者。

布瑞克·英格兰（Breck England）
富兰克林柯维公司副总裁
希普利联合公司前咨询总监

富兰克林柯维公司的资深产品架构师与主要报告执笔人，拥有25年帮助国际知名企业改善内部沟通以及有效领导员工的经验，为包括美国医药公司百时美施贵宝、美国银行、美国电话服务供货商AT&T在内的200多家公司指导项目。

布瑞克称自己为"知识产权建筑师"。他曾任富兰克林咨询公司主管知识产权的副总裁，以及国际培训公司希普利联合公司的咨询总监。

他与史蒂芬·柯维以及鲍勃·惠特曼另外合著有《不可预知时代的可预知结果》。

朱莉·施密特（Julie Schmidt）
富兰克林柯维公司总经理、常务董事
施乐公司前咨询顾问

朱莉·施密特是富兰克林柯维公司个人效能实践项目的地区实践领导者，同时也是《激发个人效能的五个选择》《非正式项目经理的项目管理》及本书的论题专家。朱莉就职于富兰克林柯维公司前，曾在施乐公司专业服务部工作12年。在施乐公司，她的工作主要是帮《财富》杂志每年评选的全美最大的1 000家公司做客户设计、营销与商业咨询。而在加入施乐公司前，朱莉身处营销行业，负责开发复杂的数据库营销方案。

朱莉毕业于德保罗大学，主攻工业与组织心理学专业。现居于芝加哥，工作之余喜欢跑步、打高尔夫球，享受与家人相处的时光。

富兰克林柯维公司简介

富兰克林柯维公司（纽交所代码：FC）是一家专注于绩效提升业务，帮助企业通过改变人的行为来实现成果的跨国公司。我们为组织和个人提供培训和管理咨询，业务主要涵盖以下7个领域：领导力、执行力、个人效能、信任、销售绩效、客户忠诚度和教育。我们与包括财富100强中90%的公司、财富500强中75%以上的公司，以及成千上万个中小型企业和政府职能部门在内的客户都有建设性的合作关系。另外，富兰克林柯维公司的服务与产品遍布世界，拥有44家分支机构，能为全球超过140个国家提供专业服务。

更多信息，请访问：www.franklincovey.com

富兰克林柯维在中国

富兰克林柯维自1996年开始进入中国服务于中国客户，业务主要涵盖以下6个领域：领导力、执行力、个人效能、信任、销售绩效和客户忠诚度。领导力领域包括《卓越领导力》《CEO想让你知道的事：培养商业头脑》及《高效能人士的七个习惯》系列课程；个人效能领域包括《激发个人效能的五个选择》《高级商务演示技巧》《项目管理精华》《高级商务写作》等课程；执行力领域采用咨询项目的形式帮助企业专注执行力，成就卓越；信任力领域包括《信任的速度》等课程；销售绩效领域包括《帮助客户成功：填充销售漏斗》、《帮助客户成功：筛选商业机会》、《帮助客户成功：达成双赢交易》三门课程，帮助销售人员为客户制定真正满足客户需求的解决方案。

主要客户有：上海大众、宝马、中海油、中广核、宝洁、玛氏、可口可乐、埃森哲、安永、平安集团、中国银行、索尼、爱默生、通用电气、西门子、惠普、百度、京东、凯德中国、美赞臣、罗氏制药、阿斯利康等。

富兰克林柯维目前在北京、上海、广州设有分支机构。联络方式为：

富兰克林柯维商务咨询（北京）有限公司
北京市朝阳区光华路 1 号北京嘉里中心南楼 24 层
2418 & 2430 单元
联系电话：(8610) 8529 6928
邮箱：marketingbj@franklincoveychina.cn

富兰克林柯维商务咨询（上海）有限公司
上海市淮海中路 381 号上海中环广场 28 楼 2825-38 室
联系电话：(8621) 6391 5888
邮箱：marketingsh@franklincoveychina.cn

富兰克林柯维商务咨询（上海）有限公司广州分公司
广州市天河区花城大道 85 号高德置地广场一期 A 座 12 楼
联系电话：(8620) 8558 1860
邮箱：marketinggz@franklincoveychina.cn

更多信息，请访问：www.franklincovey.com.cn

目 录

前　言　分心时代，如何抓住听众稍纵即逝的注意力？　1

第 1 章　基础：一切在于连接　9

人们每天都承受着科技进步带来的信息轰炸，这也正是演示人铩羽而归的罪魁祸首。我们应如何在演示中高效传递信息、获得演示优势？如何出奇制胜，牢牢黏住听众的注意力？一切的秘密都在于两个字——连接。

与信息建立连接：成为值得倾听的人　13

与自己建立连接：品质与技巧并重　16

与听众建立连接：打赢 8 秒注意力争夺战　23

建立连接的 3D 法则　31

专家解读　33

第 2 章　打造强有力的信息　35

飞机尚未停稳，乘客不顾安全急欲下机。空乘人员用几句话便说服乘客乖乖回到位置，系好安全带，她说了什么？演示中，每个冷漠的听众脸上都写着"那又怎样"四个大字,你要怎样回答这个问题,给出让人为之一震的答案?

没有故事 = 没有听众　38

让信息引发行动的三要素　43

如何与听众实现同步?　51

3S 头脑风暴　64

在开场和结尾上加码　76

虚拟演示时,如何让听众牢牢盯住屏幕?　89

专家解读　97

第 3 章　设计具有冲击力的视觉元素　101

包装损坏、发错货、发货延迟的现象在网购时代屡见不鲜,面对超过总订单量 30% 的问题订单,奇普做了一场怎样的演示,让高管层痛定思痛?

乔布斯重回苹果后出台的第一批政策就包含禁止使用 PPT,航空公司向 NASA 展示的 PPT 因信息不全,直接导致航天飞机失事,演示人到底该不该用 PPT?

"第一印象图"与"大局图"　112

别让 PPT 毁了你　117

换掉 Excel,改用高质量图片　123

做一名出色的视觉设计师　125

让简洁恰到好处　135

虚拟演示如何操纵视觉?　141

专家解读　146

第 4 章　临场:高效演示中的高效互动　147

人们大约只需 39 毫秒就能形成对某人的第一印象,"杏仁核劫持"随即发生。演示人要如何掌控听众的第一印象,在 39 毫秒内获得演示优势？

　　世界许多知名演讲人终身都在与怯场作斗争。你要如何处理压力带来的怯场问题，让自己进入"最佳压力区"，将演示发挥到极致？

高效演示者的"手眼身法步"　151

把周边细节做到极致　172

最佳压力区：怯场也有奇效　177

如何处理挑刺儿的听众？　182

警告：小心被问得措手不及！　185

专家解读　193

结　语　从高效演示人到伟大沟通者　195

分心时代,如何抓住听众稍纵即逝的注意力?

彼得是财务部的员工,他正在向负责运营公司的12名年轻主管们进行演示。让我们一起来听听他在说什么,而他的听众们又在想什么(后文对话中楷体部分表示心理活动)。

时间:周二下午2:30

地点:滑雪装备在线零售商裂变材料公司总部会议室

事件:员工会议

彼得:"我想现在是个很好的时机,我们需要探讨一下信用卡支付过程中的某些安全问题,为此我制作了一份PPT……"

克莱尔(CEO):*信用卡?嗯,我的信用卡好像下个月到期。我猜银行会给我寄一张新的过来,希望不要再和上次我搬家时一样寄丢了。太可惜了,如果把它转租出去,我可以赚到不少钱。那个和信用卡计算有关的App叫什么来着?*

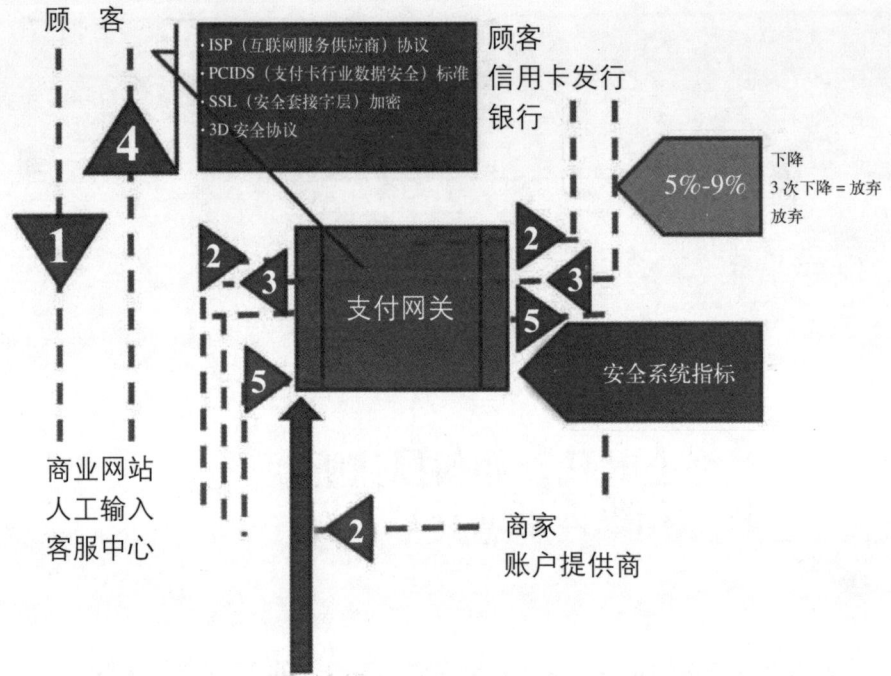

EA 系统创造了伪授权信息。Web 加快了服务器传送伪授权信息至交易账户发行机构的速度，而信息将会被弹回。交易账户发行机构传送授权响应给商家。

图 I.1　信用卡支付过程中的安全问题

可能触发安全系统的指标包括：

· 账单寄送的国家与 IP 显示的国家（地理定位）不符。

· 使用代理服务器隐瞒地址，企图回避此前的迹象。

· IP 显示的国家（地理定位）为高风险区域。

· 提供的邮箱为免费电子邮件服务邮箱。

· 异常的大采购。

· 同一人的频繁（短时间内连续多次）采购。

彼得："加强版授权包括互联网协议上的数据……这是我们的EBITDA（未计利息、税项、折旧及摊销前的利润）受冲击最大的地方。"

马克斯（销售主管）：加强版？对，这就是阿利斯想要的。她想要一个"加强版"的人生，所以她想整容。尽管我不断告诉她，她现在看上去已经非常标致……

涅瓦（公司律师）：（手在桌子底下发短信：所以今天早晨，纠纷闹到了法庭。关于诉前临时禁令的议案，我已经拟了一半。）

塔德（产品总监）：那张PPT可真丑，我完全不懂上面的数字代表什么。如果这些数字很重要，彼得应该会逐个解释吧。嘿，他刚说到EBITDA，克莱尔在昨天的会上提到了这个词，它的意思是……好吧，我只知道它是一个数字。但它是什么意思呢？我才不要问呢，太丢人了！

奇普（订单经理）：（手机铃声响起）"对不起，我忘了调静音。不好意思，有个重要电话。"（离开会议室）

彼得："附加数据可以丰富我们的授权决策……"

阿米塔（销售）：会议什么时候才能结束？要知道，在这场会议之外，我正处于另一场战役的中心。策划者们制造一个又一个麻烦，而且假期就要来了……

内维尔（IT主管）：（手机震动，低头看手机）德克斯特发来的信息，搞不好又是一个愚蠢的视频。他真是个有趣的家伙，上次就发来一个狗狗的视频……还真的又是一个视频。什么？他和继母一起去了赌场？这下可有热闹瞧了！我先把声音关了……

埃莉（实习生）：不能打瞌睡，不能打瞌睡，不能打瞌睡，不能打瞌睡……人有没有可能睁着眼睛睡觉呢？

彼得："……所以当我们安排IT升级的优先次序时，我们应该首先考虑加强版授权数据。"

昆汀（财务部同事）：……如果我们根据企业价值计算税盾和财务困境成本的现值，就能得出一个于我们资本结构完全独立的纯运营倍数，这个值比潜在的错误成本更重要……

彼得："所以，这就是我们必须解决信用卡安全问题的原因。"

克莱尔：哦，他终于讲完了。他都讲了些什么？

"现在，"克莱尔说，"谁有问题要问吗？没有？那么会议结束，回到各自的工作中吧。"

缩水的注意力持续时间

你曾多少次如坐针毡地熬过一场商务演示？为什么几乎所有的演示都千篇一律，听众的反应都是如出一辙的冷漠？

科技时代下的听众，一旦在演示中感到厌烦或困惑，就会自然而然地开始玩手机或平板电脑。这代表他们对你的表达完全不感兴趣。如今，海量的信息正对所有人进行不间断的狂轰滥炸，人们的手机随时会震动，他们需要时常偷瞄两眼，看是否收到了新信息或新邮件。注意力分割变得如此司空见惯，以至于《俚语词典》对"演示"一词给出了以下定义：

演示：彻底分割你注意力的几分钟痛苦时光，（挂上虚伪的笑容，告别Facebook、Youtube、Gmail、Myspace、告别短信、闲聊以及其他有趣的网站和手机App）向一群不情愿的听众解释你花了三周时间才一知半解，又花了一天时间做成PPT的内容。

现如今，人们大半的时间和精力都花在了沟通上，而注意力却成了稀世珍宝，这一点相当讽刺。纽约城市大学的凯西·戴维森教授指出："我们自以为听见了别人说的话，可事实证明，我们的反应其实和狗狗类似。有时我们听见了某个声音，但根本没注意到那个声音要传达的是什么。"

越来越便利的通讯技术，将整个世界都纳入了我们的沟通范围。然而，这份便利也有消极的一面：我们的注意力持续时间和情感连接正在遭受冲击。争议作家乔纳森·萨夫兰·福尔曾对一群大学毕业生这样说："科技交流的每一点进步都让世界变得更方便。然而，它也同样方便了人们避免真正的情感流露。人们会写下'LOL'（Laugh Out Loudly，表示微笑的符号）而非真正笑出声；会发送哭泣的表情，却不见得真正流了眼泪。科技交流只传递信息而非人性，一言不发从未如此容易。"

在这样一个世界里，你应如何传递信息，让他人心动进而行动？在这本书中，你将找到答案。

演示无处不在

如果你也是彼得的听众，也一定能感觉到，他没有和在场的听众建立"连接"，听众们的心都飘到别的地方去了。谁没有过类似经历呢？彼得有一个重要的信息要和大家分享，但事实上没有一个人听得进去。这成了一场可有可无的会议，彼得没得到任何想要的结果。

和彼得一样，我们每个人都在一次又一次地向他人进行"令人讨厌的"演示。但你可能会说："我从来不做演示！"很多人都会否认。而实际上，我们的"演示"次数远比想象中多得多。

以下是演示的真正定义：

> 以表达或说服为目的，对两个或两个以上的人进行的信息分享。

我们通常都把演示想象得太过正式：你站在一个人满为患的会议室里，在台上滔滔不绝，同时用手中的遥控笔翻动着PPT，在完美解答了听众提出的各种刁钻问题后，你自豪地走下台，回到自己的座位。总之，它是一种"西装革履式的展示"。演示的方式有很多种。你面对的可能是办公桌旁的几个同事或客户，也可能是来自全球的数万人。今天的演示在形式上完全没有想象中那么正式。比如作工作报告，在电话里和客户沟通，向自己的小舅子灌输某个观点，或向老板申请升职。在以上所有情境中，你都要传达某些信息，也就是以表达或说服为目的进行信息分享。

在工业时代，人们用双手劳作。而在知识时代，我们用大脑、语言和图片来工作，并且将一半甚至更多的时间花在了沟通上。这就是我们在这个时代创造价值的方式。

讽刺的是，我们并不怎么擅长沟通和交流。当我们问别人："我的演示为什么会失败？"他们通常会列出几个司空见惯的答案：展示不足、词汇贫乏、设备不给力、过度依赖PPT、只会照本宣科、扯得太远、没能理解听众的需求、没能清晰传达信息……反正在你开口前人们就预料到，自己肯定会听到一场糟糕的演示。

一场糟糕的演示会让我们付出什么代价？答案是时间。包括演示人漫长的准备时间和听众们的时间。你一定参加过那种废话连篇的"非生产性会议"，就是那种感觉。浪费时间就意味着浪费金钱。但更重要的是，人们因为沟通不畅，错过了多少伟大创想、革新或销售机会？显然，对沟通技艺掌握得炉火纯青的人，将在商业世界中掌握更大的竞争优势。

高效演示：得到他人关注与认同的最直接方式

进行一场有说服力的演示，堪称这个时代的"顶级商业技巧"，能够高效沟通的企业可以"甩开竞争对手至少两条街"。显然，世界上存在一种叫做演示优势（Presentation Advantage）的东西。那么，在演示人"尸横遍野"的今天，你要如何出奇制胜，让已经习惯在演示中开小差的听众对你两眼放光？你要如何获得演示优势？

在每一场演示中，演示人都想得到一个非常具体的结果。你脑海里有一个预设的目标，只有当你成功与听众建立连接，才能达到那个目标。

史蒂芬·柯维在《高效能人士的七个习惯》中提到了一个对老板的"低效能领导风格"感到沮丧的朋友：

"我和他谈到过这个问题，他也意识到了这个问题，但他就是无动于衷。"他对我说。

"好吧，那你为什么不做一次高效的演示呢？"我问。

"我做了。"他回答。

"你如何定义'高效'？当销售员卖不出东西时，他们把谁送回学校？难道是买家？高效意味着它管用。"

一场高效演示，必定从演示人开始。如果你懂得如何与自己建立连接，你就会在展示内容时激情四溢。你会被看做一个既有能力又有魅力的家伙，无论演示主题有多艰涩，听众们都会被你迷得神魂颠倒，而你就这样成为一位伟大的沟通者。

要成为一位伟大的沟通者，首先我们要暂时回到学校，学习什么是高效演示。研究哪些因素可以提高演示的有效性，实现知识或行为的目的性转化。你的演示可能仅针对一个人，也可能需要面对100个人；你可能是站着讲也可能坐着说，又或者你需要跑到世界各个角落去做演示。

我们不仅要探讨如何与信息、听众和自己建立连接，还要学习如何创造强有力的信息，设计具有冲击力的视觉元素，最后出色地实现信息分享。

第❶章
基础：一切在于连接

Presentation Advantage
How to Inform and Persuade Any Audience

人们每天都承受着科技进步带来的信息轰炸，这也正是演示人铩羽而归的罪魁祸首。我们应如何在演示中高效传递信息、获得演示优势？如何出奇制胜，牢牢黏住听众的注意力？一切的秘密都在于两个字——连接。

当你在演示时，你的终极目标是什么？你是否相信，无论演示主题是什么，你最核心的目的都是一样的？没错，你要转变某种思维。

史蒂芬·柯维在《高效能人士的七个习惯》中，解释了"思维"这个词如何从希腊语演变而来："'思维'（paradigm）这个词来自希腊文，最初是一个科学名词，目前多半用来指某种理论、典范或假说。不过就其广义而言，它是指我们看待外在世界的观点。我们的所见所闻并非直接来自感官，而是透过主观的了解、感受与诠释。"

我们在富兰克林柯维公司谈了很多种思维以及它们的转变，而这样做的原因是：让他人以不同的方式看待事物。接受思维转变，是让改变发生的必要条件。我们的思维控制着我们的行为。如果我们的思维认为老电影就是最好的，那么世界上就没人去看新电影了；如果我们的思维认为主管们只懂得花言巧语，那么我们就会把上司的话当成耳旁风；如果我们的思维认为关于财务的演示很无聊，我们就会在财务主管演示时睡大觉。

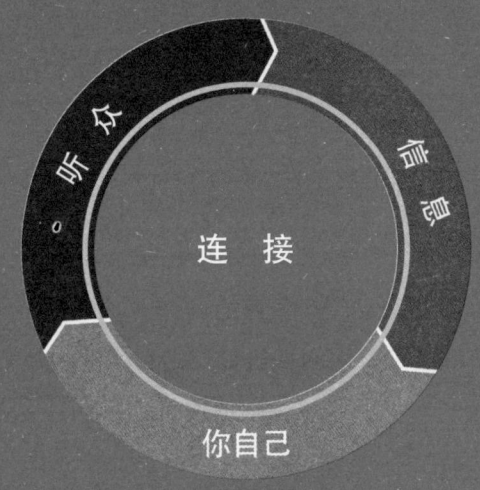

图 1.1　确立演示优势的 3 种连接

你要改变自己的思维,重新思考怎样设计并进行一场成功的演示。首先你必须建立 3 种"连接"。

第1章 / 基础：一切在于连接

你可以告诉那些整天戴墨镜的人，世界并不是那么灰暗。但仅是这样告诉他们，并不能改变其思维。就算他们真的相信你的话，他们的思维和行为也不会发生转变。直到你通过某种办法摘掉了他们的墨镜，让他们以不同的视角去"看"世界。没有思维转变，他们将永远那样慢吞吞、磕磕绊绊地走下去。简而言之，作为演示人，你的工作是帮助人们换一种方式看待世界，并由此让他们的态度或行为也发生相应改变。如果不这样做，你的演示就是无效的。

多数关于演示技巧的书都会丢给你一大堆建议：如何站立，如何演讲，如何控制自己的声音、姿势，如何建立自己的风格等。这些东西，这本书也会教给你。但本书与其他同类图书最大的不同是，你可以在这里学到无法从其他书中获得的高效演示的独家秘诀：和信息、听众以及你自己建立连接。

做到这3点，你就会获得演示优势。你不仅将掌握高超演示技巧，还将拥有"让人们真正愿意倾听"的能力。成为一名舌灿莲花的演说家是一回事，成为人们真正信赖的顾问型导师则是另一回事。

我们承诺：如果能成功建立与听众、与信息，以及与你自己的连接，并练习书中提供的技巧，你就可以随时进行高效演示。

与信息建立连接：成为值得倾听的人

"和你的信息建立连接"是什么意思？

它的意思是：你受到目的和热情的驱动；你很在意自己所展示的东西。

如果没有和自己的信息建立连接，会发生什么？你会感到无聊、迟钝，听众也会昏昏欲睡。在演示中，热情和动机就是一切。你和自己的信息连接越紧密，演示成功的几率就越高。

"但是，"你会说，"我对自己要展示的东西真的无感，我对自己的演示主题完全兴奋不起来。"

这时候你需要做的，是拉斯韦加斯的赌客们经常做的事情：增加赌注。"赌注"（ante）这个词在英文中的本义是"预付"（before）。赌场中的赌注，是指在牌局正式开始前你必须押上台面的资金；而在演示中增加赌注则意味着你要提高听众的"风险"。问问自己："在这场演示中，我能为听众提供怎样的关键目标？"你要证明自己传递的信息非常重要，让你的听众相信，如果不马上采取行动，他们将面临巨大风险。

增加赌注是与听众建立连接的一种有效方式。表1.1展示了两种可能性：财务部的彼得没能建立连接的结果，以及他增加赌注后的结果。其中的区别不言而喻。

表1.1 彼得增加赌注的前后对比

彼得	彼得说的话	同事们的反应
没能建立连接	"我想现在是个很好的时机，我们需要探讨一下信用卡支付过程中的某些安全问题，为此我制作了一份PPT……"	走 神
增加赌注	"我们每年都在损失100万美元。"	一口咖啡喷出来，突然清醒，议论纷纷，洗耳恭听！

第 1 章 / 基础：一切在于连接

彼得知道公司正因信用卡安全问题蒙受巨大损失，他有责任把这个情况告诉同事，因此他必须增加赌注。

对你也是一样。如果你总是做很重要的战略演示，人们就会开始重视你的话语。你将成为在高速公路上狂奔，不断警告后来车辆"前方桥梁发生坍塌"的那个人。换言之，你将成为"值得被倾听"的人，进而获得演示优势。

一定要用真正的信息和听众建立连接。问问你自己："如果人们不听我的话，不转变思维，继续按原路前进，将面临怎样的风险？他们会遭遇什么？公司会遭遇什么？"

如果你把一个战略问题演示成了战术问题，那么你无疑是在浪费听众的时间。就像你想要警告别人前方桥梁坍塌，肯定不能开头就说："嘿，现在方便探讨一下前方的路况吗？"

你或许认为自己不需要做战略演示，因为基层和中层员工没必要操这份心。但每家公司都有自己的愿景、战略和目标，作为公司的一员，你的工作就是帮助公司实现其愿景。

不要低估真实信息的力量。为什么彼得一开始没能建立连接？因为他错把一个战略议题当成了战术议题。他真正想表达的并不是"强化授权数据"（谁知道那是什么），而是"阻止黑客们每年从公司的盈亏线上偷走数百万美元"。然而彼得没能成功传达这条信息，原因就在于他没有建立连接。

你的演示应该总是围绕战略议题进行，不要做无关战略的演示。这就好比你在要求老板给自己升职时，不能简单地要钱。你要描述自己为公司创造的价值，以及接下来你将如何为公司做贡献。如果你想传达的信息只停留在战术层面，那就没有必要做演示，你完全可以换一种沟通方式实现你想要的结果。

如果你的演示涉及一场很重要的"赌局",如果其他人不能予以重视,必将面临战略上的风险,那么就把大家集合起来,向他们传达你的关键信息吧!将真相原原本本地展现给他们,告诉听众他们面临着什么样的危机。

你对它寄予了很大的希望,你有决策者所需的重大信息,你将进行一场意义深远的演示,它将对听众产生积极的影响。当你把想说的一切都展示得清清楚楚、明明白白时,就算对方是一块榆木疙瘩,也会被你的信息打动。

>>> **与信息建立连接,你需要:**

◆ 增加赌注。将信息和重要的事情联系起来,比如公司的使命和目标。切中要点,告诉人们他们应该了解的真相。

◆ 把战术信息和战略信息区分开。不要做战术演示,将战术问题换个方式表达。要做战略演示,这才是你的义务和职责。

与自己建立连接:品质与技巧并重

"与自己建立连接"的意思是:你要始终和自己一条心。你要实话实说,不要故意隐藏自己的某一面;你要知道自己在说什么,如

第 1 章 / 基础：一切在于连接

果不知道也不妨坦诚相告。总之，你首先要诚实，才能指望听众信任你说的每一个字。

你的可信度主要取决于品质和能力两个因素。用史蒂芬·柯维的话说："品质包括你的动机以及对他人的意图，而能力包括你的潜力、技术和过往的业绩。二者缺一不可。你或许认为某个人拥有真诚、正直的品质，但如果他不能带来结果，你就无法完全信任他。反过来也一样。一个人或许天赋异禀，技术超群，但如果他不真诚，你也不会信任他。"

想要和自己建立连接，你必须拥有值得信赖的品质。同时，你也应当具备相应的能力，既可以胜任工作，也懂得演示技巧。

如果你没能和自己建立连接，会发生什么？

你给人的印象会是靠不住、不可信，甚至是能力不足、心术不正的。你将成为令人"难以置信"之人，而这里的"难以置信"可不是褒义词。

语言清晰的最大敌人是不诚实。

乔治·奥威尔
《1984》《动物农庄》作者

然而，你能否给别人留下值得信赖的印象还只是一个次要问题。和自己建立连接，意味着你要相信自己。你的可信度是由内而外散发出来的。你相信自己会实话实说、直言不讳，完全坦诚自己的目的，了解自己的演示主题，像对待 VIP 客户一样对待自己的听众。

警惕"编造陷阱"

很多沟通专家都认为：在如今这个政客和商人"编造"的"后真相"时代，我们必须适应规则。有些专家声称，出色的演示人知道如何编造信息，因为道出真相毫无意义。过去曾有这样一种说法：你有权表达自己的观点，但无权捏造事实。而今天，太多人在捏造自己认为的事实。

显然，我们很难看到任何事情的全部真相。如我们之前提到的，我们看到什么，取决于我们的思维。戴着墨镜，我们看到的就是一个阴暗的世界，但这并不代表世界就真的是阴暗的。世界上存在客观事实，优秀的演示人会尽其所能帮助他人看到这一事实。他们不是要人们戴上一副新的有色眼镜，而是要大家摘掉墨镜，看清世界的本来面目。

以下是人们（或许包括你）编造信息的几种常见方式：

选择性举证：选择有利证据、隐藏不利证据来强化自己的观点，或选择不利的证据来打击不利于自己的观点。

例如：

顾客	卖家
我为什么要买这款新程序？	隐藏信息：这款程序尚未经过测试。少数客户反映了一些可能产生长期不良影响的可疑问题。

模棱两可：使用存在歧义的语言。你说A的时候，

第 1 章 / 基础：一切在于连接

其实真正的意思可能是 B。例如：

当你说	真实意思
这需要慢慢来	我还没开始
有趣的观点	这观点一文不值
这个问题问得好	这算什么蠢问题
她很有独立思考的精神	她真是个麻烦制造者
对此我会好好考虑	想都别想
很高兴你问了这个问题	居然有人会问这种问题

委婉语句：把坏消息说得像是好消息，或至少说得不那么严重。例如：

委婉语句	真实意思
我们将向客户提供一种更加独立的购买体验	我们要裁员了
客户仍在评估我们高端产品的价值	我们定价过高
我们要修正免税代码中的一些错误	我们要多交一些税了
市场情况尚未跟上我们的计划	没人买我们的产品
我们之前关于这个问题的表述不再适用	我们撒了一大堆谎
他寻找其他的机会去了	他被解雇了

一旦开始编造，你就很可能掉进"编造陷阱"（Spin Cycle）。为了自圆其说，你需要不停地编下去。不管是个人还是企业，如果尝试美化或掩盖真相，就会陷入骑虎难下的境地，最终一定会被真相

"打脸",因此编造真相百害而无一益。

"编造时代"已经把人们都变成了怀疑论者。据调查,全球只有不到20%的人相信商界领袖或政客们会实话实说。《引爆点》的作者马尔科姆·格拉德威尔指出:"我们很少怀疑编造真相是否管用,而是直接假定它管用,因为世界上到处都是试图操纵我们的人,我们正任人摆布。别人的谎言编造机运行得越响越快,清晰坦诚的语言就越有力量。"格拉德威尔相信,人们经历的谎言越多,就越难上当。

> 我知道这有多容易:通过花言巧语,人们能够在保持道德、伦理和法律上的清白的同时编造事实,利用回避、绕开或彻底歪曲等手段将其变成另外一副模样。
>
> 西德尼·波蒂埃
> 演员、导演

那么,你要怎样避免掉进"编造陷阱"?

坚守原则,才能始终对自己保持真诚。在我们生活的这个世界,如果你真实而坦诚,那么你就将获得演示优势。

"编造真相"的诱惑令人难以抗拒。当你感到被人误解,你就很可能编造一点无伤大雅的"真相"。但请记住当你对自己想要表达的东西力有未逮时,请勿凭空捏造利于自己的"真相"。相反,你应该承认自己无法回答问题,并尝试寻找更多的解题思路。如果你觉得实话实说是对某些人的不忠诚,那么你显然没有把"忠于事实"

作为最高法则。得知坏消息时，请不要把它藏在委婉的语气之后。如果你能直接说出来，会发现人们通常比你想象的更加宽容。再者，即使他们很小气，你还是要保持诚实正直，因为"忠于事实"比一切都更有价值。

随机拿起几本市面上关于演示技巧的书，翻看后你会发现，没有一本提到了本书所描述的品质问题。你也可以做一次词汇检索，证实那些书中没有一行提到了正直、诚实或信任。你可以在那些书中得到一大堆关于如何组织语言完成演示的建议，而这些在本书中也有。

对听众而言，最重要的问题莫过于"我面前的演示人是否值得信任"？你可以成为最精明的演示人，但如果你不值得信任，就无法达到对一名演示人而言最本质的目标——转变他人的思维。

即兴表演并非高明之举

想要让别人转变思维，你就要确保自己的思维比对方更加高明，而这就涉及你的能力问题。你真的了解自己的演示主题吗？你对自己掌握的事实有把握吗？你为演示做了充分的准备吗？你努力深入地研究、体验并练习过吗？

"即兴表演"并非什么高明之举。你应该将听众当成自己的客户：他们需要你提供最好的服务。你肯定不希望自己的医生、美发师或客机飞行员即兴发挥，所以这个道理放到你的演示中也是一样的。如马克·吐温所言："我从来不会在没有提前准备几小时的情况下发表即兴演讲。"

你如何判断自己的思维是否更加高明？

再次强调，如果你的思维符合原则，它便更加高明。换言之，客观真相肯定比你的听众头脑里的思维更有说服力。

我们上文提到的财务人员彼得，实际上已经对自己的演示做了悉心的准备。他对现实把握得很准确。他再三确认过自己的数据准确无误，知道公司为什么每年都会损失 100 万美元，也明白该如何避免这种损失。但难点在于他必须劝说管理层转变思维，这恰是他没有做好的地方。

也就是说，彼得业务纯熟、能力出众，但这种能力仅限于数据分析。问题是彼得的职责并非只是做做数学题，他还需要讲故事。是的，他的职责是通过故事，与同事分享他在数字中发现的问题。

某大型制造企业曾想与富兰克林柯维公司的一名培训演示技巧的顾问进行会谈。对方的高级副总裁说："我们每年都从各大名校招聘约 300 名新工程师，我想要介绍几位与你认识。"

接下来，我们的顾问跟随高级副总裁走进了一间会议室，会议室里坐满了目光中满是期盼与渴望的男女青年。

高级副总裁走上讲台说道："大家上午好。今天是你们入职的第一天。欢迎你们加入这家公司，这表明你们都是名副其实的人中龙凤。你们都很聪明，其中不乏天才。你们能够为公司带来新鲜、绝妙的创意，而且我猜想，你们一定认为自己来这里的目的就是做一些了不起的项目，搞几项伟大的发明。

"但事实上，那只是你们工作的一半。而你们的另一半工作，是将自己创造的解决方案传达给公司其他人。你们必须站到台上发言，用事实和技巧说服你的同事，让他们了解你的创意的真正价值。"

"这位先生，"高级副总裁指向我们的顾问，"将详细阐述你们的另一半工作。在接下来的几周，你们会和他朝夕相处，如果他说你可以留下，你就可以留下。如果他说不行……呵呵，祝大家好运。"高级副总裁转身离开。

在知识经济时代，知识就是价值的源泉。然而，如果知识无法被有效分享，它也就无法对世界造成任何影响，这便是问题的本质。良好的专业技能至关重要，但当你既拥有值得信赖的优秀品质，又有胜任工作的能力，就相当于为自己的演示又增加了几分优势。

但如果你没有……呵呵，祝你好运。

>>> **和信息建立连接，你需要：**

- ◆ 培养值得信赖的品质以及专业能力。
- ◆ 警惕"编造陷阱"，表达要坦率真诚。
- ◆ 了解"知识型人才"的真正使命，学习如何讲述一个精彩的故事。

与听众建立连接：打赢 8 秒注意力争夺战

与听众建立连接，意味着你成功吸引了听众们的注意力，并始终保持着对他们的吸引。这一点很难做到。下表是成年人注意力持续时间的调查结果：

表 1.2　成年人注意力持续时间

2000 年平均注意力持续时间	12 秒
2013 年平均注意力持续时间	8 秒

随着成年人注意力持续时间的急速下降，加之智能手机的兴起（人们每 2 分钟就会查看一次手机），如今，和听众建立连接遭遇了前所未有的挑战。

在听众踏上走神的"不归路"之前，你大概有 8 秒钟去抓住他们的注意力。你必须不断强化自己和他们的联系，否则你就会失去他们，其后果就是你的时间、汗水、可信度和绝佳创意都付诸东流。无论是站着讲、坐着说、在走廊上聊、边吃饭边谈，还是在线上交流，你都得建立这种连接。

一旦你成功吸引了听众的注意，他们就会成为你的盟友和拥趸。他们会转变自己的思维，然后真的照你说的去行动。你和自己的信息连接再强，你的品质再优秀、能力再出众，如果没有和听众建立连接，一切依然是白费力。

回到开篇的案例，为什么彼得没能和听众建立连接？

首先，他没有掌握吸引听众注意力的技巧。尽管他对自己的演示主题了如指掌，但他看上去并没有和信息建立连接，这导致他的演示过程没有激情，没有能量。虽然彼得详细阐述了 PPT 上的每个标题，使用了大量商业和会计术语，可他并不知道如何讲故事。他只是一味地把那些数字传递给他的信息再转给其他人，所以他在一开始就失去了听众。

第 1 章 / 基础：一切在于连接

每一位演示人都可能在一开始就失去听众，但随着本书内容的深入，你将逐步学会如何吸引或重新吸引听众的注意力。你要做的，就是把自己的演示变成一场对话。不要训诫他人应当如何，而是和他们交谈；在会议室里走动，和他们建立连接，连接他们的眼睛、大脑和心灵。如果你感觉他们走神了，就重新进行连接。

其次，彼得面对的是一群 21 世纪的听众：

- ◆ 人们白天平均查看手机 110 次；
- ◆ 全球每天产生 1 000 亿封邮件，且该数字仍在增长；
- ◆ 25～34 岁的商界人士，每月平均收到 2 240 条短信，25 岁以下的人士收到的短信数量甚至会翻倍。

彼得无法和听众建立连接，因为他的听众在不断地与别人建立连接。虽然我们每天 24 小时都在与他人建立连接，但偏偏会在连接眼前人时遇到困难。历史上从未出现过一个人们如此容易走神的时代。

如果你通过网络或电话进行远程演示，情况会变得更糟。

当你在网上和 10 个人举行虚拟会议时，其中 2 个人可能在查看自己的邮箱，1 个人可能在浏览其他网页，1 个人或许在玩手机游戏，剩下的 6 个人则心不在焉。在虚拟会议中，你看不到任何一个人的眼睛，也读不到他们的肢体语言，所以你也感觉不到他们是否在认真听你讲。没有物理接触，建立连接的难度会翻倍，再加上你的演示还非常无聊，很快，这场虚拟会议中的精神连接和情感连接也将荡然无存。

彼得无法控制嘈杂的外界环境,如果他站在台上只顾一味阐述自己的观点,听众更会只顾忙着干自己的事情,这场演示也就没有任何意义。

本书将帮你克服演示时听众走神的问题,包括让会议室里的高科技产品为你所用,而不是拆你的台。那么,无论听众们走神的可能原因是什么,我们要怎样吸引或重新吸引他们的注意呢?

让我们看看彼得第二次为同事演示时发生了什么。第一次演示结束后的几天,他意识到自己一开始没能和听众建立连接。因此,在第二次会议上,他采取了不同的策略:

彼得:"谁能告诉我这张 PPT 呈现的是什么?"

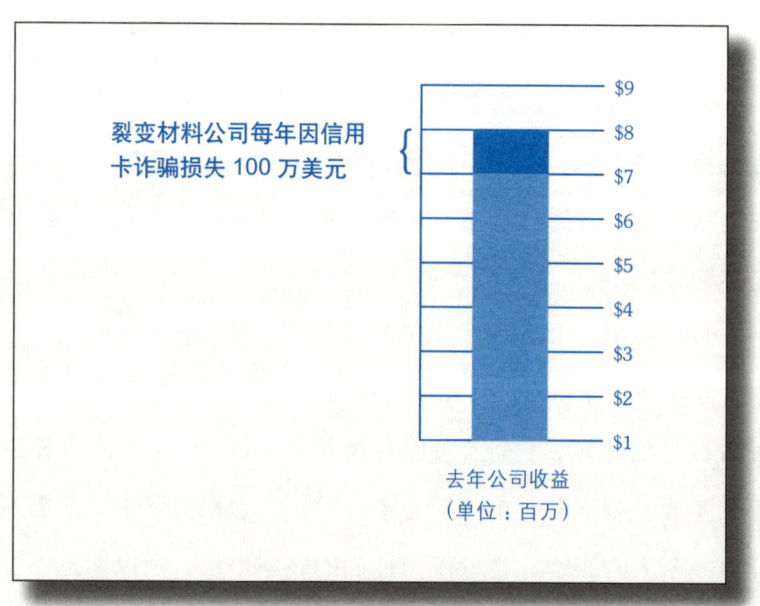

阿米塔:我的天!我们今年损失了 100 万美元!

克莱尔:"它说我们每年因为信用卡诈骗损失 100 万美元。"

彼得："说得没错。我今天要讲两点:首先,我要告诉你们,我们是怎样损失掉这笔钱的;其次,我们应该如何避免这种损失。你们当中有多少人觉得这是一个亟待解决的问题?"

所有人都举起手,除了……

昆汀:"噢,拜托,彼得。所有人都会遇到信用卡诈骗,而我们已经采取了市场上普遍采取的安全措施,除此之外你无能为力。"

彼得:"你说得对,诈骗犯会攻击所有人,但你看看第二张PPT,你觉得它在说什么?"

马克斯:"什么!我们的情况比行业平均严重5倍!"

涅瓦:"我们的损失是其他在线零售商的5倍!"

塔德:"现在我理解这些数字了……"

奇普:"为什么我们的情况这么严重,彼得?"(手机响)"哦,对不起,是我的手机。我现在把它关掉。"

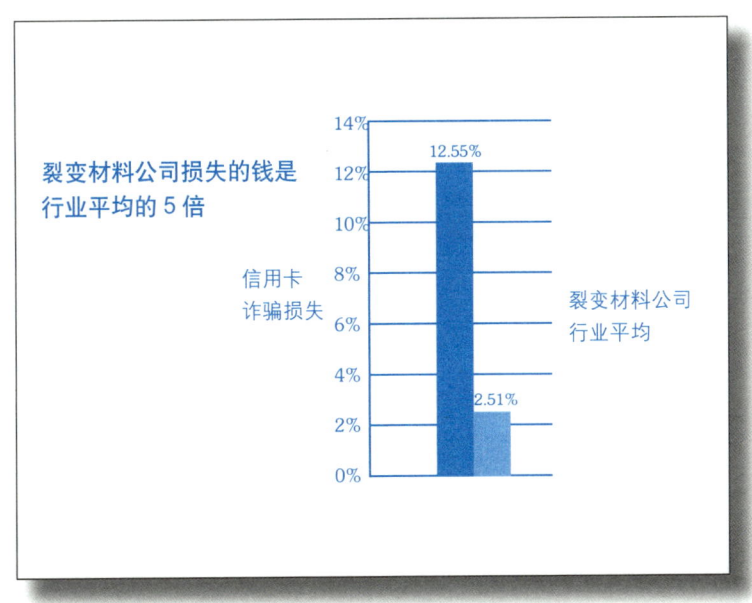

彼得："我们的安全系统太弱了。现在我给你们详细地分析一下原因……

"当一位持卡人向我们购买产品时，你们看发生了什么？买家输入信息，我们的系统就会检查客户的账单和配送地址，然后我们决定接受或拒绝交易。问题是，窃贼们就这样轻易盗取了用户的信用卡号码和地址。总而言之，我们的安全系统非常脆弱。现在，我要为大家奉上解决方案。

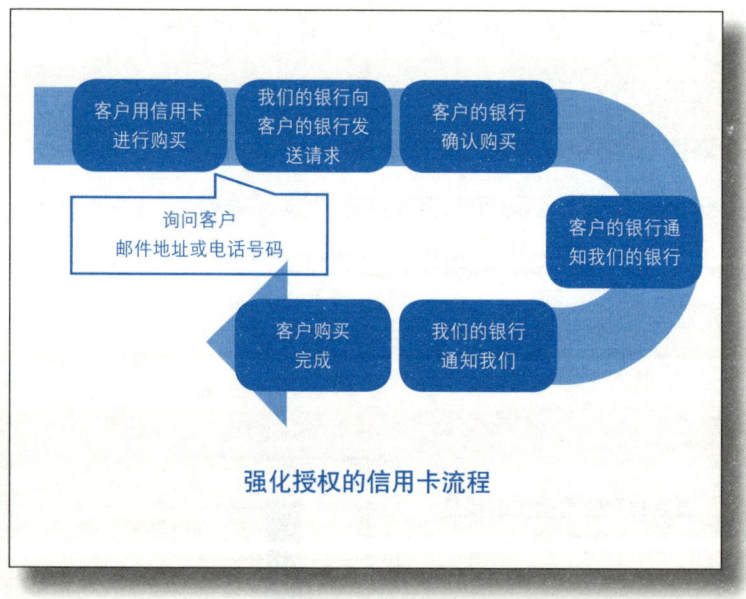

"其他零售商在做的正是强化授权。它需要我们从客户那里获取一些不易被盗取的数据，比如客户的电子邮件地址、电话号码、网络提供商的名字，或者他们最喜爱的宠物的名字等。"

内维尔：（手机响）又是德克斯特！肯定又是那无聊的视频，这时候谁还会在乎他的狗！

内维尔："你的意思是,他们每次购买时都要把所有信息重输一次?"

彼得："当然不用。他们只需要简单填写一次,然后当他们购买时,我们就会随机提出一个安全问题。

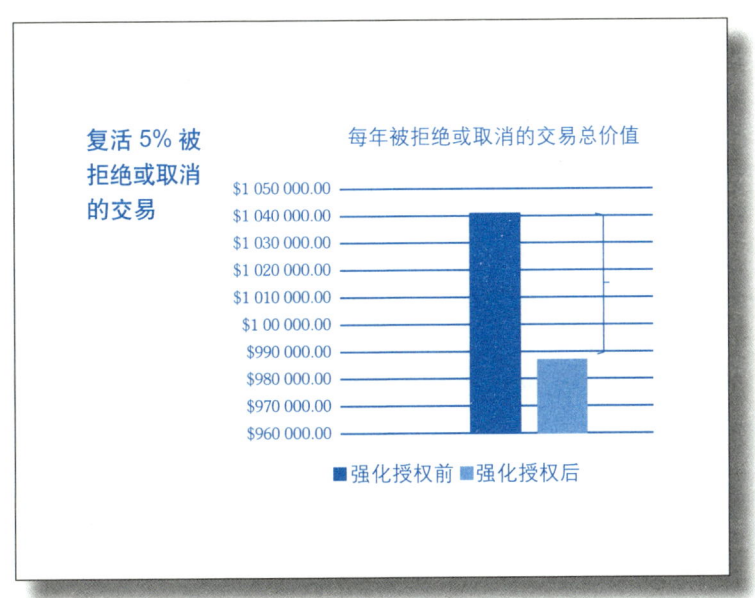

"这样不仅可以省钱,还可以帮我们赚到更多的钱,因为实际上,我们将促成更多的交易。现在,我们可能因为担心被诈骗而拒绝了很多信用卡交易。但在强化授权之后便不会再有这样的后顾之忧了,我估算了一下,我们的交易量至少会提升5%。因此,我认为我们应该马上推动强化授权的工作。"

埃莉:听起来非常有道理。我都担心自己的信用卡是不是安全。真是让人受益良多的商业会议!

> **有了强化授权**
>
> ◆ 停止每年 100 万美元的损失。
> ◆ 将我们的资金损失率从行业最差变为行业最优。
> ◆ 因为拒绝和放弃的交易减少，每年额外增加 5.2 万美元的收益。

彼得："我们的网站工程师需要做一些努力来更改我们的系统。但如果在适当的环节加入强化授权，明年我们公司的收益就会有显著增长，并省下 100 万美元。我建议在公司付出更大损失之前，马上采取行动。大家还有什么问题要问的吗？"

内维尔："我有一个问题。IT 部门已经抽不出空了，你觉得我们应该调整一下任务的优先次序吗？"

克莱尔："我认为必须调整一下 IT 部门的任务优先次序。你们怎么认为？都同意吗？好的，内维尔，你现在就配合彼得草拟出一个新的项目计划来。"

你认为，这一次彼得和听众建立了连接吗？

他做了什么不一样的事情？你怎么知道这次他的努力起效了？为什么？他成功地转变了听众的思维吗？

彼得所做的事情并不见得有多复杂。他无须变成 PPT 复读机，也无须给自己的演示加什么特技来取悦听众,但他必须和信息、他自己及听众建立连接。

建立连接的 3D 法则

本书中的 3D 法则(如图 1.2)可以帮助你建立上述连接。事实上,3D 法则正是本书的 3 个主要组成部分。

无论你面对的是 1 个还是 100 个听众;无论他们是站在你面前,还是坐在你面前,甚至是通过网络散布到全世界,3D 法则都能帮助你建立连接。这当中的每一步都包含了一系列的方法和工具,能够帮你逐步达成目标。

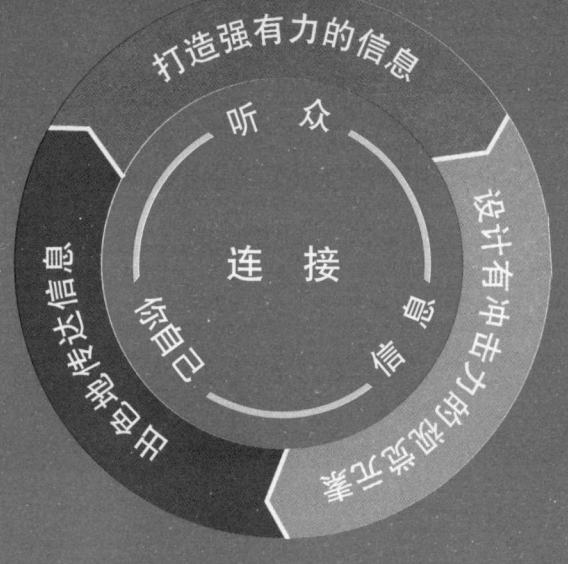

图 1.2 建立连接的 3D 法则

你要改变自己的思维，重新思考怎样设计并进行一场成功的演示。首先你必须建立 3 种"连接"。

PRESENTATION ADVANTAGE
专家解读

1. 警惕"编造陷阱"

大部分与商务演示技巧相关的课程和书籍都在传递一个信息，那便是技巧。这就相当于只重"术"而轻"道"。西方有句谚语是"Honesty is the best policy"，即诚实是最好的策略。然而，市面上那么多的书籍和课程都在教你如何巧舌如簧、语焉不详，把负面信息转变成对自己有利的信息。也就是说，你明明碰到了一个极具挑战性的问题，却还要在台上表示"这是个有趣的问题"，悄悄将负面词汇包装成正面词汇。事实上，这样的演示是在表演，而演示者所隐藏的虚伪也很容易被听众觉察到。

在演示的过程中忠于事实，不回避问题，才是最好的演示策略。

2. 与听众建立连接

无论面对的是一场培训的参训人员、一次会议的参会者，还是一场路演的听众，现如今，对于演示者来说，最大的敌人莫过于听众各自手上的智能手机。自2007年第一代苹果智能手机问世以来，我们的注意力几乎完全被智能手机吸引了，开始"游走"于微信、微博、新闻、游戏、拍照以及各种有趣的APP之间。尽管智能手机功能强大，能在很大程度上满足我们的知识需求，但许多人也开始对此上瘾，甚至发展成为这方面的强迫症患者。基于这一点，如果演示者无法在演示的开场阶段迅速抓住听众的注意力，在演示过程中不断与其进行连接，那么，我们的演示将注定以失败告终！

第 ❷ 章
打造强有力的信息

Presentation Advantage
How to Inform and Persuade Any Audience

飞机尚未停稳,乘客不顾安全急欲下机。空乘人员用几句话便说服乘客乖乖回到位置,系好安全带,她说了什么?

演示中,每个冷漠的听众脸上都写着"那又怎样"四个大字,你要怎样回答这个问题,给出让人为之一震的答案?

飞机刚在拉斯韦加斯着陆，乘客们就纷纷起身拿行李。这是周末航班，人们恨不得赶紧离开飞机，钻进灯红酒绿的赌场。但接下来，他们听到了从内部通话系统中传来的一段坚定的声音，声音来自一位空乘人员：

"女士们，先生们，请看窗外！"

乘客们纷纷伸长了脖子看向窗户。

"你们看得出飞机现在的速度有多快吗？"飞机尚在跑道上飞驰。

大家不约而同地点头。

"一旦飞行员踩刹车，你们将被惯性抛到过道的尽头，在舱壁上撞得头破血流。现在请你们回到自己的座位，并系好安全带！"

所有人都照做。

这是一次简单而有效的演示。一般的空乘人员可能会用甜美的嗓音提醒乘客坐好并系牢安全带，但大家可能都不予理会；她也可以袖手旁观，对乘客面临的潜在危险视而不见，但这位空乘人员做了负责任的选择，并以聪明的方式得到了自己想要的效果。

这就是"强有力信息"的力量。我们平常听到的信息大都太弱了。如果你坐过飞机,就会知道空乘人员在飞机起飞前都会做一遍同样的安全演讲,但乘客们都忙着玩手机或看杂志,把空乘人员的话当成耳边风。值得表扬的是,一些航空公司特意为此做了改变,他们在安全演讲中加入了一些幽默元素,以便更好地引起乘客们的注意,但由于他们要传达的信息太过"程式化",所以效果还是不够显著。

会讲故事的人统治世界。

印第安谚语

本章开头提到的那位空乘人员无疑是传递强有力信息的大师。而打造一条强有力的信息正是你和听众建立连接的第一步。当然,你要做的演示可能比那位空乘人员复杂得多,但她运用的法则(讲一个好故事)同样适用于你的工作。

没有故事 = 没有听众

大多数演示人都不是在讲故事,所以没有听众会对他们讲的内容感兴趣。

当你还是一个孩子的时候,所有大人都像是动画片《史努比》里喋喋不休的父母(他们至今仍喋喋不休,我们都懂)。但在你的妈妈、爸爸或隔壁王叔叔开始讲故事的瞬间,你就会把耳朵竖起来。那么你觉得,随着年龄的增长,你的这一天性就消失了吗?并没有。

第 2 章 / 打造强有力的信息

试想，标准的航班安全演示大概有 17 条，其中包括 10 条指令和 7 条提示，而且每一条都彼此不相关。这就好比飘在河上的木头，它们凌乱地从乘客面前漂过，没有在他们脑中形成任何画面。没有故事的串联，人们就将对面前的事实视而不见。

数年前，英国小说家约翰·梅斯菲尔德写了一本完全没有任何情节的书，书里只有无关联的随机事件。他称之为 ODTAA（One Damn Thing and Another），即"一件又一件的鬼事"。当然，梅斯菲尔德这么做是在恶作剧，但仔细回忆一下，你参与过的演示中有多少人是在讲着"一件又一件的鬼事"呢？

故事是有灵魂的数据。

布勒内·布朗博士
演讲人兼作家

大多数人的演示套路都是：随机列出一个个要点，然后进行没有故事的串联。

在那位空乘人员的演示里，她没有随便说出一系列的温馨提示，而是讲了一个故事。她抓住了听众的耳朵，并向他们描述了一个可能变为现实的血淋淋的画面，而且效果显著。但你可能会说，"她的几句话很短，可我的演示很长"。

仔细想想，在这个"分心时代"，什么最能吸引听众？是一个结构紧凑、简短有力的故事，还是一连串从听众的呆滞目光前飘过的烂木头？

"但我有太多东西要讲。"你说。没问题,但除非你先讲个故事,否则谁会听你接下去要说什么?

故事是将思想推向世界的最有力方式。

罗伯特·麦基
作家、导演

那位聪明的空乘人员没时间解释自己为什么要求乘客们坐好。她没有从某个物理学定律讲起,并得出一个计算结果。这种讲述方式或许会在科学大会上起到很好的效果,但并不适用于绝大多数场合。所以你必须问问自己"我应该讲一个怎样的故事?"绝大多数情况下,容易分心的商界人士需要你先给出结论,再阐述细节。

抽出听众屁股下的垫子

故事通常都很简单。用故事大师,好莱坞编剧教父罗伯特·麦基的话说:"当某个事件让生活失去平衡,故事就开始了;一切恢复生活平衡的努力,都是在揭示生活的真理。"

你的生活曾经失去过平衡吗?你曾经在路上被绊个趔趄吗?曾经有人将你屁股下的垫子突然抽走吗?不管怎样,你在身体失去平衡的那一瞬间感到了恐慌。你双手高举,像个疯子一样跳起来,甚至还会大喊大叫。在恢复平衡之前,你脑子里想的只有如何恢复平衡而已。作为演示人,你要做的就是突然抽出所有听众屁股下的垫子,让他们失去平衡,这样他们才会重视你要传递的信息。

第 2 章 / 打造强有力的信息

在第一次演示中,彼得没有让任何一名听众失去平衡,所以他们对彼得讲的话漠不关心。但在第二次演示中,彼得一秒钟也没有犹豫,开场就让所有人失去了平衡——公司每年都在损失 100 万美元!为了恢复平衡,听众们必须采取行动,和信用卡诈骗作斗争。是的,这就是故事的力量。但是切记,故事必须足够吸引人,才能促使人们采取行动。现在问问自己,你要讲的故事是什么?你要怎样猛地将听众屁股下的垫子抽走?

> 相比随机排布的松散语句,逻辑清晰、层次分明的话语更利于记忆。一般来说,在可记忆方面后者较前者容易 40%。
>
> 约翰·梅迪纳
> 《让大脑自由》作者

关于大脑的两件事

关于听众的大脑,请谨记两件事。

第一件事是,他们没有集中注意力。这并非他们故意不想集中注意力(不排除个别例外),而是因为我们生活在一个"分心时代"。人们的注意力持续时间非常短。

第二件事比第一件还要糟:尽管大脑是一块不可思议的信息海绵,但它一次只能关注一件事。当一名听众低头看手机时,她就完全听不到你在说什么。有关脑科学的研究告诉我们,一心多用只是

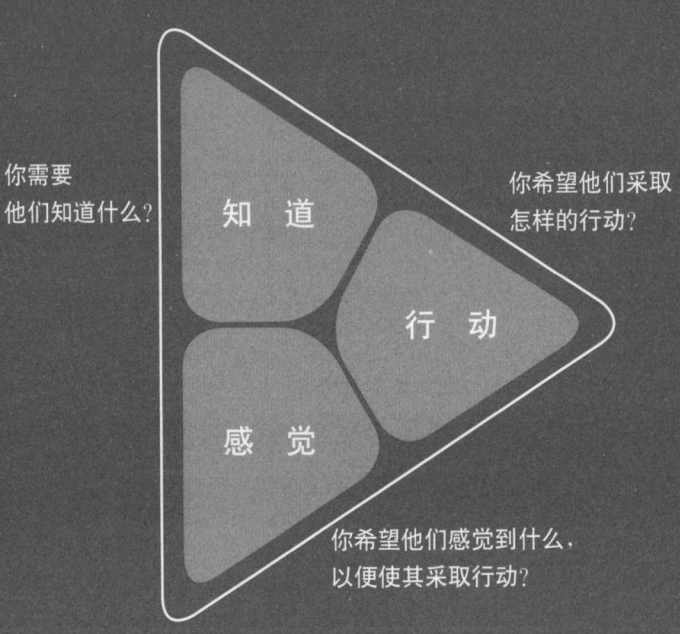

图 2.1 让信息引发行动的三要素

为了让人们行动,你得研究他们需要知道什么,才能让他们感觉自己会欣然照办。用专家们的话说就是,你"转换了他们的思维,从而改变了他们的行为"。

虚幻的神话，人类的大脑天生就是个单任务处理器。

鉴于大脑的工作方式，你需要毫不犹豫地让听众失去平衡，并让他们一直处于失衡状态，以保持他们对你的关注。专家会建议你不断"吸引并重新吸引"听众的注意力，而为了做到这一点，你需要用清晰的逻辑和饱满的情绪精心打造自己要传递的信息，这是一个演示人必须付出的努力，否则你很难通过演示改变什么。

为打造强有力的信息，你需要掌握 5 个技巧。它们都很简单，却拥有牢不可破的逻辑。每一场成功的演示都离不开这 5 个技巧：

- ◆ 确定你的信息希望达到的目的。
- ◆ 分析你的听众。
- ◆ 考虑辅助资源。
- ◆ 打造强有力的要点。
- ◆ 设计一个令人印象深刻的开场和结尾。

让信息引发行动的三要素

为什么那位空乘人员的信息如此有力？乘客为什么会立即按她说的做，乖乖回到座位，系好安全带？

从图 2.1 可以看出，她把希望乘客采取怎样的行动准确地告知了他们，同时，她也告诉了乘客所需要知道的事情，因为这能让他们感觉自己必须按空乘人员说的做。

很多时候，知识并不足以转变一个人的思维，比如很多人明知暴饮暴食不好，但依旧跑到自助餐厅去排队；另外，情绪也不会单独起作用。想想我们曾多少次在新年第一天激情满满地制订一份新年计划，然后在第二天激情褪去时将其抛诸脑后。

只有将知识和情绪加起来，才能制成转换人们思维，甚至改变其行为的灵丹妙药。

开始时就要考虑结果。

史蒂芬·R. 柯维
《高效能人士的七个习惯》作者

仔细想想，你这一生都在不自觉地应用知识和情绪影响他人。记得你还是个懵懂少年时，是如何说服父母允许你做想做的事的？你必须让他们了解足够多的信息，让他们感觉你出去玩通宵、参加舞会之类的事情是安全的，并同意你这样做。只要你脑子灵活，这一招总是屡试不爽。

我们回头分析一下那位空乘人员是如何利用这一方法的：她先向乘客传递了知识（请看窗外……你们看得出现在飞机的速度有多快吗？）。她的知识中蕴含了饱满的情绪，对乘客造成了冲击（你们将被惯性抛到过道的尽头，在舱壁上撞得头破血流）。最后她清晰地传达了对某种行动的呼吁（"现在请你们回到自己的座位，并系好安全带！"）。

空乘人员唤起了人们足够强烈的感觉，从而让他们采取行动。这正是一位演示人需要做的。那么，你想要的结果是什么？你想通过演示取得怎样的效果？你希望人们在听完你的演示后采取怎样的行动？你会告诉人们哪些知识，让他们产生感觉？你可以讲一个怎样的故事去引导你的听众，让他们在心动过后忍不住采取行动？

从头等大事讲起

讲故事时，你必须从头等大事开始。

忙碌的人只想知道你说的是什么，而且想立即知道答案。投入数百万美元经费研究人类注意力的广告商们相信，他们最多有 6.5 秒的时间来捕获消费者的注意力，并引导其做出购买行为。这就是为什么在一般情况下，你最好从最重要的事说起，比如

- ◆ "我们每年都在损失 100 万美元。"
- ◆ "你们将被惯性抛到过道尽头，在舱壁上撞得头破血流。"

然后给出与之相关的信息。

绝大多数听众都会喜欢这种演示方式，如果你不这样做，他们根本不会听你在说什么。

作为裂变材料公司聪慧而年轻的市场营销主管，阿米塔每天都孜孜不倦地寻找本公司产品的市场优势。尽管无数竞争对手为了货架上的尺寸之地争得鱼死网破，她依旧对自己的产品和工作充满信心和激情。相比之下，她的生意伙伴则显得信心不足。"你要参与竞争吗？那是一个饱和市场，里面有很多大厂商。而且我们公司只是一个地方性小企业，资历尚浅，你要怎样带着我们杀出重围？"

其实，阿米塔是学会了在不知所措的时候故作镇定，表现出信心满满的样子。这是她取得成功的部分原因。然而，她的事业成

就主要源自她的前瞻性思考："我知道那是一片红海，但我们客户的生活也并非完美到别无所求了，不是吗？"换言之，她知道自己的目标客户在生活中还面临着诸多不便。那么她应该怎样帮助他们呢？

阿米塔花了很多精力去研究。经过悉心调查，她发现默默无闻的裂变材料公司在市场上很受尊重，但同时也很容易被忽视。裂变材料公司的产品质量拔群，挑不出任何毛病，可公司就是没有找到自身的核心优势。因此，裂变材料公司生产的滑雪服，总是摆在批发商或百货超市最冷清的货架上。

> 如果你传递信息的方式与对方的接收方式相同，他们就会重视你的头等大事。
>
> 莉萨·哈默
> 畅销书作家

对阿米塔而言，这是一个问题：客户最大的不便之处是什么？应该如何把自己的产品带到客户前面，帮助他们解决难题？奇怪的是，她发现答案并不在货架上，而是在库房里。

大家都知道，零售商始终在和存货作斗争："我们应该订多少货？多少才足够？定多少是过量？脱销的时候该怎么办？"

库存积压了怎么办？货架上满满当当的货物相当于正在贬值的现金，它们必须流动起来！这里的关键在于，货物卖出去的速度要等于进货的速度。但除非你有一颗魔法水晶球，否则你很难预测自

己需要进多少货。于是阿米塔准备了一场演示,以此证明自己可以帮助客户解决库存难题。演示如下:

阿米塔:"我要讲的其实不是我们的产品,至少今天不是。你们都在和存货作斗争,而现在我想要向你们展示裂变材料公司将如何帮助你们解决这一难题。研究表明,库存过大会让你每年付出相当于货物价值三分之一的成本。反过来,库存不足也是不利的。你们都懂缺货的痛苦,脱销的每一个小时都在损失销售额。在裂变材料公司,我们进行了专门的研究,以确保客户在任何时候手里都有恰好适量的库存,不多不少。"

接下来,阿米塔通过讲故事的方式,展示裂变材料公司将如何达成这一承诺。而她的买家也刚好将上一批货物售完,于是阿米塔就得到了好几个大订单。是什么让她的演示产生了如此直接的效果?最明显的一个因素是,她的目的是帮助客户解决库存问题,而不是一味地向客户推销更多产品,让他们积压更多库存。

阿米塔向客户们就如何解决库存问题进行演示,这也就是向客户说明,他们将在她的帮助下解决自己的头等大事。这是一种理想的双赢模式。

你应该思考的是,你的听众的头等大事是什么?你想要转换一种怎样的思维,并如何用另一种更好的思维取而代之?如何将听众变成他们自己故事里的英雄?

你重视的信息，听众不一定同样看重

裂变材料公司的产品总监塔德正在向一群人进行关于专业滑雪运动装备的演示。和公司生产的运动装备一样，塔德本人也非常的光彩照人，而他也相信自己是个聪明人。作为一名退役的专业运动员，他专门研究过如何提升运动员在滑雪赛道上的表现。他利用磁共振和类似电子显微镜的尖端工具来设计"空气动力学面料"。塔德精力充沛但缺乏耐心，他总是独自喋喋不休，不善于倾听。

总之，塔德认为凭借自己研究出的"导弹"滑雪装备，他必将在业界实现一次真正的突破。客户们答应给他9分钟进行演示。

塔德："谢谢大家给我这个机会来展示我们新产品的一些特性。为此我准备了几张PPT。大家可以看到'导弹'套装最大的特点就是在以往产品的基础上增强了透气性。新产品上所有的拉链和接缝设计，让它的整个透气率增加了 2L/m^2/s。

"此外，这套装备的尺寸也特别设计为略微偏小，尺寸越小，阻力就越小。缩小尺寸后的装备承受的空气阻力减小了7%。而通过缩小尺寸，我们还能够让装备的透气率至少再增加 2L/m^2/s。但这款产品真正的突破，在于其带织纹的、布满小坑的鲨鱼皮结构。在风洞电子显微镜下，这种结构可以在一场250米的滑雪比赛中，增加 7L/m^2/s 的额外透气量。

"谢谢大家，如果有什么其他问题，我现在就能为大家解答。"

此时此刻，没有一个人提问，因为所有人都在忙着玩手机。你对塔德的演示怎么看？你觉得他利用好这9分钟了吗？他说服了自己的听众吗？他减小了客户们的决策难度吗？他讲了一个怎样的故事？他到底希望自己的演示达到怎样的效果？最后，他实现了自己的目标吗？

首先我们要搞清楚听众是谁，以及我们演示的重点是什么：我们是要向听众们传递某个知识点，还是说服他们采取某种行动？然后才能谈知道、行动和感觉三要素。

当然，客户们应该很清楚塔德希望他们采取行动，订购他的"导弹"装备。但塔德让客户知道了什么，又给了他们怎样的感觉？客户们向塔德购买新滑雪套装的欲望强烈吗？

老实说，不怎么强烈。客户们的头脑里增加了怎样的新知识？塔德的新滑雪套装更加紧身、透气，然而他们不得不靠大量的心算来确定透气量增加了多少。

显然，对塔德而言透气性非常重要，他对其也有着充分的了解，但那又怎样？为什么听众要和他一样重视透气性？要知道，你重视的信息，听众不一定同样看重。

如何回答"那又怎样"问题

在每一次演示中，所有听众的脑袋里都藏着四个字：那又怎样？

当你站在台上的时候，每个人都想问这个问题，并且希望你对这个问题作出回答。说一点他们关心的头等大事，以此刺激他们产生新想法。

财务部的彼得在第二次演示时，准确地抓住了听众们的关注点。

"那又怎样"的答案是：公司每年都在损失100万美元，而且这个数额是竞争对手的5倍，这是一个很严重的"怎样"。当然，"怎样"总是相对的，损失100万美元对大型跨国企业而言肯定不及裂变材料公司这样的小企业来得严重。

而你是否问过自己："我需要让眼前的听众知道什么，才能让他们产生行动起来的意愿？"

这个问题的本质在于动机。除非受到情感上的驱使，否则人们不会采取行动。你必须让他们感到兴奋或让他们产生紧迫感。如史蒂芬·柯维的教诲："这是人类动机当中最伟大的发现之一——唯有不满足的人，才需要激励。"

演示主题：　　　　　　　　　　　演示日期：

彼得的演示计划表

你的听众是谁?

你的演示意图是：
☐ 说服听众　　☐ 让听众获取某种信息

你希望你的听众
如何行动：强化授权安全，对抗信用卡欺诈
知道什么：我们每年都在损失100万美元，而那是竞争对手的5倍之多。同时我们将因为更多的信用卡交易而提高收益。
感受如何：非常紧迫！！！

你的演示目标是：

以上是彼得的演示计划表。在本书的每一章末尾都会有一张空白的演示计划表，你可以通过它学习如何激励听众。那么，塔德应该怎样演示？他应该告诉听众什么样的信息，才能让他们想要买他的新产品呢？为了找出答案，他必须像彼得一样，对自己的听众作一次严谨的分析。

讲故事的至高戒律：引起关注。

安德鲁·斯坦顿
电影制作人

如何与听众实现同步？

亨利·M.贝廷格是世界上最伟大的沟通专家之一。数年前他曾出席一场会议，会上很多人都做了演示，各自收获的结果有好有坏。

谈起那次会议时贝廷格说："到场的都是人中龙凤，都怀揣一个价值不菲的点子想要呈现给大家，然而他们的演示技巧却有着云泥之别。有的说话吞吞吐吐、脸红羞涩，不得不遗憾地以失败告终；有的则张弛有度、字字珠玑，和观众的思维形成完美同步，让人欣然改变想法。

"他们的不同之处肯定不在于学历、知识或职位高低。不管听众是1个人还是1 000个人，想要取得成功，演示人必须根据听众的需求和特点，来理解并呈现自己的想法。"

因此，他们要说什么、受教育水平如何，以及他们的职位高低都无关紧要,真正重要的是他们是否和听众实现了同步。这样的演示人,可以"让你欣然改变想法"。

塔德在做专业滑雪设备演示时,没有和听众实现同步。听众不仅没有表现出丝毫的振奋,反而都忙着低头玩手机。

　　对大多数人而言,倾听为的是回应,
而非理解。

史蒂芬·R. 柯维
《高效能人士的七个习惯》作者

那么,你要怎样和听众实现同步?怎样从听众的角度呈现自己的想法?不懂读心术的你,要怎样才能发现听众们最关心的问题呢?

换位思考,高效演示最重要的前提

学会与听众换位思考,被认为是成为一名高效演示人最重要的前提之一。因为只有当你真正地理解他人,你才能站在他人的角度上思考问题。这样一来,你不仅能知道他们在想什么,还能体会他们的感受。

史蒂芬·柯维的故事很好地阐述了在演示时与听众换位思考的重要性:

　　一次,一位相熟的大学教授找到我并对我说:"史蒂芬,我没法筹集到研究经费,因为我的研究完全不在政府的兴趣范围之内。"对他的情况进行了一番了解之后，我建议他精心准备一场高效路演："我知道你很真诚，你想要做的研究也非常有价值。我建议你用一种连他们都做不到的方式来描述他们更偏爱的另外一项研究。这样一来，你就能表明你非常理解他们，然后你再仔细阐述你的研究背后的逻辑。"

"好吧，我试试。"他说。

"你要和我练习一次吗？"我问。他非常积极，于是，我们进行了一次排练。

后来，当他正式路演时，用了下面这句话作为开场白。"让我们看看，我是否了解你们对这次路演的期望，以及你们最关心的是什么。"

他从容不迫地展开路演，特意表达了自己对听众们的理解与尊重。在路演的最后，一位资深教授转过身望向自己的同事，然后转回来，点了点头，对我的朋友说："你拿到经费了。"

通过向决策者表达自己对他们立场的理解，在精神上和情绪上都与他们实现同步，柯维的朋友为自己和决策者创造了一次双赢的机会。理解你的听众为什么最关心某个事物，你才能达成自己最关心的目标。

不是每个人都有时间去精心准备演示。有时你或许会发现，自己明天就要进行正式演示，甚至30分钟后自己就要硬着头皮上阵；再或者，听你演示的每个人的关注点都不同。

除非你和听众们的关注点建立了连接，否则你就不可能在演示中取得成功。只要建立连接就有胜算，哪怕你只有几分钟的时间做准备也无所谓。使用以下的演示计划表，能够帮助你在几分钟内分析自己的听众。

分析你的听众

他们知道什么？
关于演示主题：
关于你：

他们的偏见是什么？

他们关心的是什么？　　**你的目标是什么？**

目标陈述：

你要如何回答这些可以理清目标陈述的问题？假设你将在完全没有准备的情况下对一群从天而降的客户进行演示，而你手里恰好有这张表格，思考上面的每一个问题后，你一定会为此感到惊讶。它们可以帮助你整理自己的思绪，迅速做好准备，并成功完成一场高效演示。

如果你有更加充足的时间做准备，可以打电话给其中一些或全部的客户，聊聊他们最关心的问题。你可以上网搜索他们的资料，弄清楚他们的背景，尽可能把这项"研究"作得更仔细一些。登录社交网站，根据他们的个人信息制订你的演示计划，尽可能把他们服务得妥妥帖帖。

通过分析听众，你可以了解他们的受教育水平、偏好，以及他们的关注点。把这些和你自己的目标结合起来，你就能拿出一个双赢的演示方案。换句话说，你的演示方案需要能帮助你和听众都得到各自想要的东西。

具有双赢思维的人往往是最好的演示人，因为他们不会把自己的胜利和听众的胜利对立起来。

警惕专家综合征

为什么要询问听众对演示主题的已有认知呢？答案是为了避免浪费他们的时间。一些演示人经常会犯的错误就是，在听众们早已知道的问题上喋喋不休。

另一方面，你也不能高估了听众们的已有认知，而且尤其要注意你的措辞，不要使用听众们听了一头雾水的术语。

记得彼得的第一次演示吗？一个又一个专业术语把各部门主管弄得云里雾里："强化授权，包括网络协议上的数据……使用额外数据，可以丰富我们的授权决策……我们的 EBITDA 受到了深远的影响……当我们重视 IT 升级决策时，应该优先考虑强化我们的授权数据……"

这是一种典型的专家综合征式讲话。其中的潜在假设是：听众就是你肚子里的蛔虫。记住，你或许是某个方面的专家（我们或多或少在某些方面可以担当专家之名），但这并不代表你的听众跟你处于同一水平。

所谓的"数字分析人士"（包括会计师、工程师、科学家和 IT 从业人员）最容易在和他人沟通时出问题。他们都生活在一个技术世界里，所以可想而知，和"非技术世界"的人谈话对他们来说是多么难。

兰迪·奥尔森是一位生物学教授，后来他又成为了一名电影制作人，因此他也就得经常和非专业人士打交道。在他的著作《不要成为一位这样的科学家》中，他告诫技术专家们不要在自己的专业知识上太较真："如果你知识丰富，但不太擅长以深入浅出的方式为他人讲解，你也不要因此而烦恼。"

然而患有专家综合征的可不仅仅是专业人士。如我刚才所言，每个人都可能是某一方面的专家。我们准备了随时可以脱口而出的一大堆专业词汇，然后想当然地认为听众们就是我们肚子里的蛔虫。如果你的听众流露出呆滞的神情，那么真正愚蠢的那个人其实是你自己。难道你认为知识水平不同的听众，他们的兴趣点就一定会不同吗？

> 如果你的听众流露出呆滞的神情，那么真正愚蠢的那个人其实是你自己。
>
> 史蒂芬·R. 柯维
> 《高效能人士的七个习惯》作者

如果听众对演示主题的了解多寡不一，这里有个简单的方法可以帮助你满足每个人的需求：先简短地概述，然后再深入细节。只要能先满足那些兴致不高、注意力持续时间短的人，兴致高的人自然会在稍后津津有味地听你详述细节。

第 2 章 / 打造强有力的信息

塔德在演示开场时一头扎进了细节深处，然后才开始慢慢讲述自己的整个故事。他的目标是销售专业滑雪装备，买家的目标是赢得专业比赛，但他完全没有注意到买家的关注点，相反，他脑子里装的都是这些东西：

- ◆ 阐述紧身型滑雪套装的概念；
- ◆ 详细说明新产品在其透气性上的新突破；
- ◆ 用自己丰富的专业知识震慑听众。

于是他得到的结果就是：听众把注意力都转移到了手机上，压根儿不关心他在说什么。

对听众的反应感到沮丧万分的塔德回到了家里。他问自己："为什么那些人没有一个为我所展示的东西而陶醉？我还以为他们都是世界级的专家呢！难道他们就看不到我的里程碑式创新？这些人比我想象的蠢一百倍！"

等到塔德的情绪平复下来后，他转而开始思考怎样改变局面。按照日程计划，几天后他要给一群类似的听众再做一次演示，因此他决定重新思考自己的策略。

双赢式目标陈述

如果塔德足够聪明，他就会在自己的目标和客户的目标之间建立连接，创造出可以让双方都感到满意的双赢式目标陈述。经过分析，塔德认识到他的客户全都是来自世界各地的滑雪赛事联盟，所以第二次演示，他在计划表中做了调整。

> **他们知道什么？**
> **关于演示主题**：他们懂很多，对基础知识了如指掌，对行业的创新状况更是烂熟于心。但他们不是来听演讲的，他们需要重点。换作是我，肯定也是一样。
>
> **关于我**：我们有一定的竞争力，但名气没有那些国际品牌大。我们以往的业绩很出色，但还称不上伟大。
>
> **他们的偏见是什么？**
> 他们宁愿和国际著名的成熟品牌合作，认为国际大品牌有更多的资源来创造真正的竞争优势。
>
> **他们的关注点是什么？**　　　　**我的目标是什么？**
> 赢得比赛，　　　　　　　　　　达成我的年度销售目标
> 赢得比赛，
> 赢得比赛。
>
> **目标陈述：**
> 我们的新滑雪装备可以让他们赢得更多的比赛。经研究证明，相比普通滑雪装备，我们的专业滑雪装备可以让滑雪运动员的速度提升 7%。

分析你的听众

这样就好多了。目标陈述就好比船上的舵，决定了演示的方向。如果舵出了问题，那么这艘船铁定会在大海上迷失方向。站在听众的角度思考问题，塔德就能矫正自己的航向。

在塔德的第一次演示中，他自己是整个演示的中心，也是唯一的预设赢家。但在第二次演示中，听众成为了演示的中心，而且他们也是预设的赢家。如罗伯特·麦基演绎："从用'你'这个词开始，把观众变成故事的核心角色。从使用第一人称到使用第二人称是一

第 2 章 / 打造强有力的信息

个巨大的转变，不要再说'我''鄙人''我们'，试着把'你'作为开口时的第一称谓。"

表 2.1 第一人称到第二人称的转变

以"我"为中心	以"你"为中心
谢谢大家给我这个机会展示我们新产品的一些特性。为此我准备了几张 PPT。……"导弹"套装最大的特点就是增强了透气性……	采用我的解决方案，你们可以赢得更多的比赛。在竞争白热化的职业滑雪界，你将脱颖而出。你可以比别人更快冲过终点……

在第二次演示中，塔德没有继续以自己为叙述中心，取而代之的是他的听众（如表 2.1）。他把听众摆在了前面，把自己藏在了后面。通过分析听众，他终于明白了对方关心的究竟是什么，以及自己应该从哪里切入。听众们也在一开始就得到了"那又怎样"问题的答案。

　　双赢，是人们在所有人际互动中，始终追求的一种心态。

史蒂芬·R. 柯维
《高效能人士的七个习惯》作者

预设听众的提问

听众就是你的客户，你的职责是把他们服务好。那么，他们需要你做些什么？任何一场演示都隐含着一个巨大的"那又怎样"问题，而你的职责就是针对这个问题快速给出解答。事实上，你的整个演示都应该是某个有价值的问题的答案。

那么，听众想要你解答的重要问题是什么？

直到你成功预测到了听众心里的那个重要问题，你对他们的分析才能宣告完结。塔德的听众想要知道，他将如何帮助他们取得比赛胜利，就这么简单。当然，他们还有一些其他的相关问题，接下来我们会一一阐述。

注意，塔德也列了几个他希望听众不要问到的问题。在演示过程中他会对这些问题一一作出解释，所以它们也不会成为演示过程中的绊脚石。

问题

预测问题：

你的新滑雪装备可以怎样帮助我们在比赛中取得优势？（重要问题）
你怎么知道它会起作用？
它的工作原理是什么？
什么时候可以买到？
多少钱？

希望听众不要问的问题：

这种新滑雪装备的成本和收益比是多少？
它看上去有点小，你为什么不把它的尺寸设计得更合理一些？
它的透气性如何？看上去穿起来会很热。

塔德本可以在整个演示过程中，或每讲到一个要点后，回答听众的问题；在正式场合中，他也可以事先声明自己会在最后专门留出时间解答大家的问题。但这一次，他决定如果在演示过程中有人提问，他会立即解答。

这是一次小型会议，塔德想让大家的交流更随意一些，不想搞得过于正式。通过预设所有可能被提到的问题，塔德做到了有的放矢地设计出迎合听众需求的演示。而事实上，整场演示都可以围绕这些问题进行。

如果你提前预设听众们可能提出的疑问，并对其中敏感的或难以回答的部分做了精心准备，那么你必将获得演示优势。毕竟，这才是一名演示人的本职工作。

接下来，你要分析你的听众。

你的听众的知识水平如何？面对知识水平存在差异的听众你要如何与之交流？他们的关注点在哪里？你的目标要如何与关注点建立连接？你要回答他们的哪些重要问题？你能够对他们可能提出的问题进行预设吗？你能对所有这些问题给出解答吗？尝试将它们列入你的演示计划表中。

> 试着分析你的听众。他们是谁？他们想知道什么？如果你能预见他们会提出哪些问题，自然会在演示中游刃有余，先人一步。

保障后勤

在继续更深入地设计自己的演示之前，请先考虑一下后勤问题。你可能不仅要在台下的听众面前演示，还要服务全世界的网络听众，他们将通过屏幕看到你的表现。

先考虑时间和地点问题。演示到底会在什么时候开始？你将演说多长时间？有多少人会参加？你需要什么辅助设备吗？投影仪？大屏幕？笔记本电脑？台式电脑？智能手机？音响？你是通过互联网和大家举行网络会议吗？你如何控制灯光？你会用到诸如表格、白板或马克笔这类低科技含量的物品吗？

你最好尽早决定，以确保自己不会在错误的时间、错误的地点对着错误的人进行一场错误的演示。

在考虑后勤问题时，可以多想想自己可能会遇到怎样的麻烦。得益于现在发达的通讯科技，全世界的人都可以成为你的演示听众。然而与此同时，演示的风险系数也直线上升。考虑以下问题：

- ◆ 你可能会面临怎样的风险？
- ◆ 到时候会有其他演示人吗？
- ◆ 你是最先进行演示的人，还是最后进行演示的那一个？
- ◆ 有听众会在深夜里通过网络观看你的演示吗？
- ◆ 演示的时间是在大家都已经疲惫不堪的傍晚，还是在人们昏昏欲睡的下午？
- ◆ 你做的是最容易失去听众的网络演示吗？
- ◆ 你的视频设备齐全吗？
- ◆ 如果出现设备故障，你有补救方案吗？

第 2 章 / 打造强有力的信息

◆ 如果你无视这些风险，可能会出现怎样的情况？

在计划表的这个部分，你可以思考潜在的后勤问题，并着手安排，将风险最小化。思考以下问题，并将它们列入你的演示计划表中。

◆ 会议室多大？
◆ 设备是否齐全，需要自带吗？
◆ 你需要联网吗？
◆ 与会人数是多少？
◆ 听众来自一家公司还是来自全世界？
◆ 这种情况下进行演示会有什么潜在风险？
◆ 你又将如何应对？

后勤问题	**日期 / 时间**	
	日期：	周几：
	时长：	几点：
	环　境：	
	☐ 面对面演示　☐ 网络演示　☐ 电话会议	
	☐ 混合演示　☐ 其他	
	人数：	特殊需求：
	网络：	科技设备：
	风　险：	
	有其他演示人吗？	演示次序：
	其他：	

63

3S 头脑风暴

如果你的演示信息已经准备完毕,并且目标明确,对听众也作了深入分析,那么接下来你就要着手构建演示的基础部分了。记住,你的目标永远是转变听众的思维和行为。

"应该说些什么呢?"当你在准备演示时,这是一个很好的问题。你的脑海里或许有一个绝佳的点子,一个急待与众人分享的顶级创意,但你应该怎样开口呢?

充实演示内容的最佳方法就是头脑风暴。记住,你已经对听众做了深入分析,你思考过他们需要知道什么,以及可能会问到哪些问题。实际上,你已经在脑海中理出了头绪,而我们现在要做的就是将它们具体化,并组织起来。成功的演示分成三个部分:

- ◆ 开场简介;
- ◆ 中间内容;
- ◆ 最后总结。

设计演示时,我们应该从内容中最吸引人的关键点开始,它能指引我们创造一个精彩的开场和结尾。以下是一些具体的头脑风暴法:

- ◆ 记录你所有的想法。你可以将他们写到便利贴上,也可以输入你的电脑或手机。
- ◆ 设置录音并快速说出自己的想法,随后抄下来。
- ◆ 尽可能快、尽可能多地想各种点子。

- ◆ 不要批评自己的点子，一想到就记下来。如果害怕说蠢话，到最后你可能一个字都不会说。
- ◆ 想象自己正和一个妄自菲薄之人进行辩论，你有60秒的时间捍卫自己的观点。
- ◆ 从任何地方切入，未必要从演示的开场开始思考。

最新脑科学研究发现，深刻的洞察总是在大脑开悟的瞬间产生。人们情不自禁地说出"啊哈"时，头脑中往往会伴随出现"伽马射线高峰"。伽马射线会在大脑创造力中心的皮质中一闪而过。而伽马射线高峰是随机出现的，往往当你"不再纠结"某个问题并开始自由联想时，它就会出现。

这就是极速头脑风暴的工作原理。把你收集到的重要信息进行汇总、综合，从而产生能够帮助你在演示中达到目标的伟大创意。

在准备第二次演示的过程中，塔德选择在便利贴上记下自己的点子。这种方法的好处在于，他可以在头脑风暴结束后立即进行组织和整理。（见图2.2）

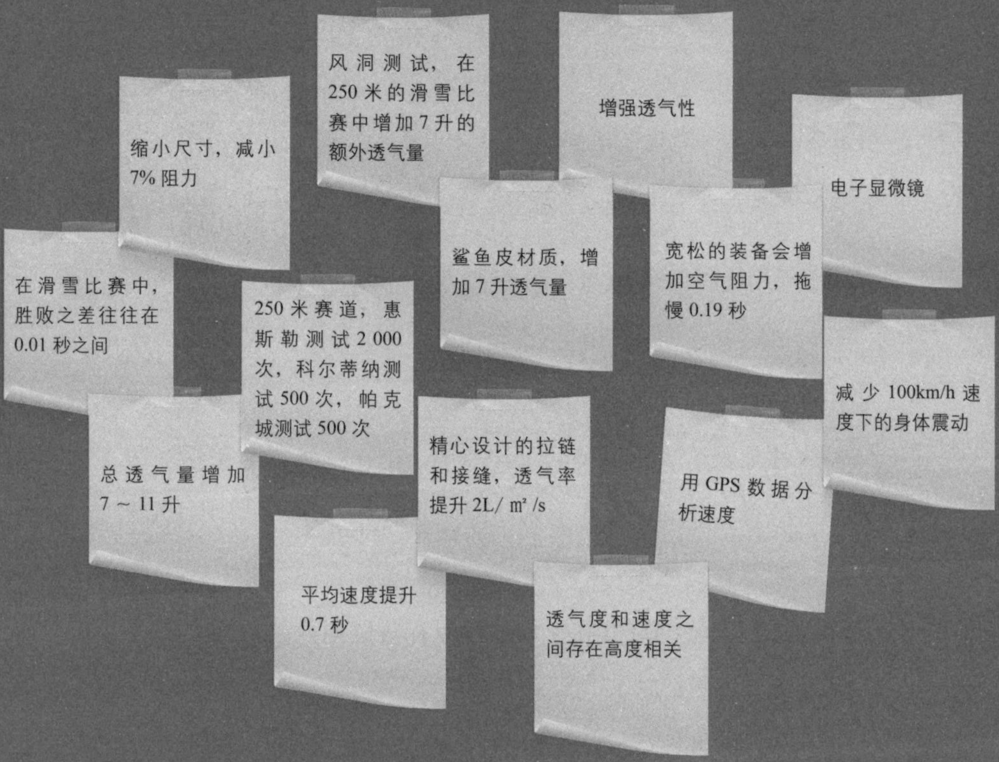
缩小尺寸，减小7%阻力
风洞测试，在250米的滑雪比赛中增加7升的额外透气量
增强透气性
电子显微镜
在滑雪比赛中，胜败之差往往在0.01秒之间
250米赛道，惠斯勒测试2 000次，科尔蒂纳测试500次，帕克城测试500次
鲨鱼皮材质，增加7升透气量
宽松的装备会增加空气阻力，拖慢0.19秒
减少100km/h速度下的身体震动
总透气量增加7～11升
精心设计的拉链和接缝，透气率提升2L/ m² /s
用GPS数据分析速度
平均速度提升0.7秒
透气度和速度之间存在高度相关

图 2.2 “导弹”套装的特性

第 2 章 / 打造强有力的信息

让我们一起看看塔德头脑风暴的成果。首先，他对它们进行了分组（图 2.3）。然后，他又按逻辑将各组特性进行排序：告诉听众这些数据的出处，然后解释数据的含义（图 2.4）。

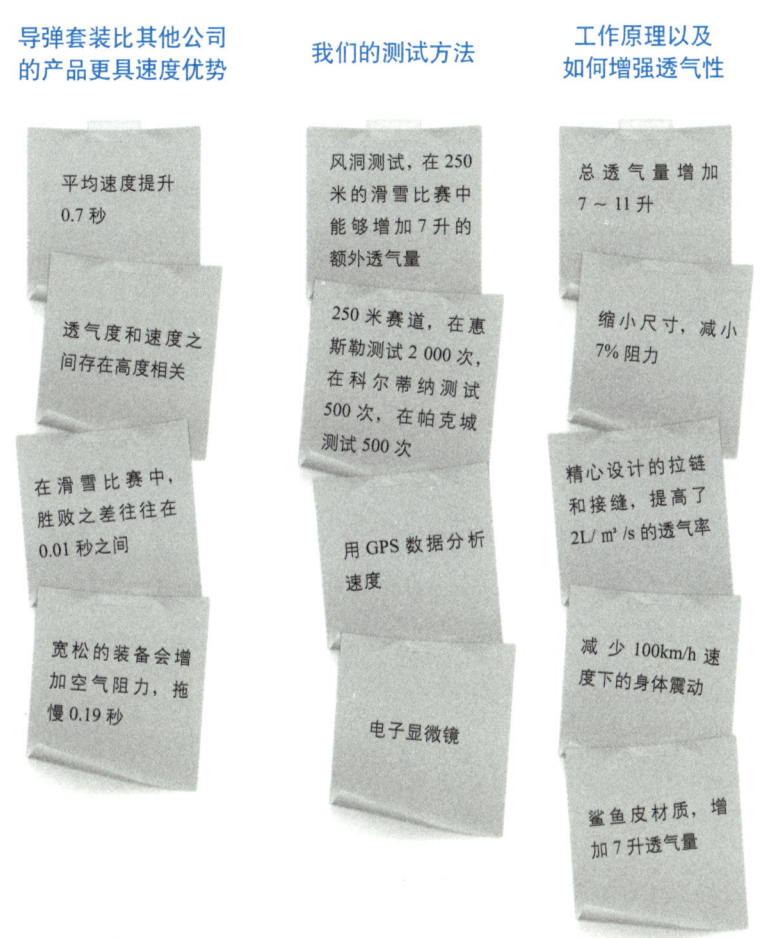

图 2.3 "导弹"套装特性分组

最终，塔德只花了半个小时就组织好了自己所有的点子。尽管细节都是技术性的，但整场演示变得简单多了：他的新滑雪装备比竞争品更具速度优势,他可以给出证明并能够阐述背后的原理。这是转变听众思维的全部先决条件。而如果再增加任何内容,只会把听众们的头脑搞得更乱,反而削弱了那些数据的冲击力,让听众们在决策时变得更加犹豫。

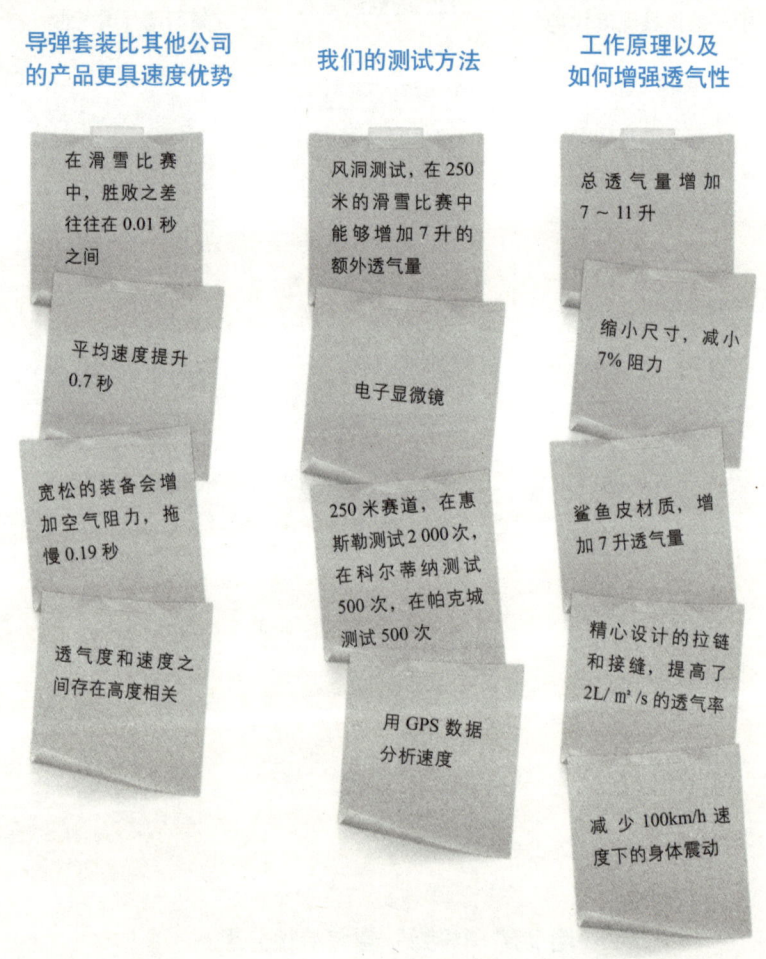

图 2.4 "导弹"套装分组并排序后的特性

亲自尝试一下在头脑风暴中创造新想法,然后把它们组织起来。

你的各个点子之间存在着怎样的联系？根据这些联系对它们进行分组，但最多只能分 3 组，并按次序排好。这些不同的分组，将作为你演示的主题板块。

3 的魔力

为什么塔德要把他头脑风暴的成果分为 3 组，而不是 4 组、5 组或 6 组呢？因为他很聪明，他知道"3"的魔力。心理学家发现，3 个理由最具说服力，2 个太少，4 个又太多。苏珊娜·舒和科特·卡尔森说，"理由越多越好，但不要超过 4 个，否则对方会掉过头来质疑所有的理由。"研究人员把这个效应称为"3 的魔力"，并猜想这和普通人的短期记忆特点有关。

一个人最多只能同时记住三个要点。

菲利普·克罗斯比
世界著名的质量管理专家

毋庸置疑，伟大的沟通者总是懂得 3 的魔力。他们总是拿出 3 个创意，3 个要点，或 3 个新发现来佐证自己的主张。林肯认为要建立"民有、民治、民享"的政府；法国人则倡导"自由、平等、友爱"；而凯撒大帝则留下了"吾至，吾见，吾征服"的豪言。顺便说一下，仔细观察你就会发现，我正好举了 3 个例子。

故事、歌曲和笑话里到处都是"3"的身影，比如"三个男人走进一家酒吧"。自然主义者黛安娜·阿克曼也曾对此进行阐释："我们深爱着自己创造的模式,而它通常都是以3的形式出现。比如上午、中午、晚上;麦克白的3个怪姐妹;东方来朝见圣婴耶稣的3位贤人;奏鸣曲分为3个部分;妖怪会实现你的3个愿望;大、中、小;A、B、C;金发姑娘和3只熊;3只小猪等。3看上去是我们在'选择'上的某种模式。"

还记得我之前说过什么吗?你的演示应该分为开场简介、中间内容和最后总结3个部分。而现在,你需要做的是在中间内容中整理出能够帮助你达到目标的3个要点。接下来,我将教你如何安排要点顺序。

3S公式

你应该怎样呈现演示的要点?

我们知道,人最容易记住自己听到的第一件事和最后一件事,以及那些被不断重复的信息。我们的原则很简单:让你的要点前后呼应。这种适当的重复可以帮助听众记住并理解它。

我们也知道,人的记忆系统就像一面筛子,只能记住自己听到的一些零碎片段,而很多自以为记住了的东西实际上都是虚假或扭曲的。心理学家认为,"从知觉到记忆,信息被错误编码的概率很大"。换言之,你只有主动减小听众们误解你的可能性,才有机会让他们接收正确的信息。这就意味着你应该先说你希望人们记住的东西,并在最后重复一次,以此对要点进行有效强调。在传达要点时放慢语速,一字一句说清楚。如纽约市立大学数字通讯专家凯西·戴维森教授所说:"在广告开头介绍产品以及在广告最后说警句妙语时,人们的语速明显放慢,而且吐字小心清晰。"

> **陈述**：简明扼要地说出你的要点。
> **论证**：提供足够的论证信息，满足听众的需求。可以包含：
> - 统计数据
> - 图表
> - 案例
> - 故事
> - 个人经验
> - 专家观点
> - 定义
> - 解释
>
> **总结**：重述你的要点，再强调一次。

要点

对于每个要点，你都应该进行"陈述"（state）、"论证"（support）以及"总结"（summarize），这就是我们所谓的 3S 公式。

下面这两个例子，哪个更好理解？

案例 1："所有拉链和接缝的设计，都让产品的整体透气率增加了 2L/ ㎡ /s。此外，这套装备的尺寸特意设计得偏小了一点，因为速度项目中阻力的大小取决于装备的尺寸。如 PPT 上所示，我们的装备尺寸让空气阻力相对减小了 7%。

"与此同时，通过缩小尺寸我们还能够让装备的透气量至少增加 2 升。而这款产品真正的突破在于其带织纹且布满小坑的鲨鱼皮结构。在风洞电子显微镜下，这种结构可以在一场 250 米的滑雪比赛中，额外增加 7 升的透气量。"

案例 2："经过精心设计，我们的新滑雪装备的材质总透气量比市面上的其他同类产品增加了 11 升。以下是具体分析：

"我们通过模拟 250 米赛道的风洞实验证明，首次设计的表面带织纹且布满小坑的鲨鱼皮结构可以让这款新产品额外增加 7 升的透气量。

"通过适当缩小套装的尺寸，我们的新产品又能额外增加 2 升的透气量，并同时减小 7% 的阻力。

"另外的 2 升透气量，则来自拉链和接缝的精心设计。这样加起来，我们的新套装就能够比市面上的普通套装多提供 11 升的透气量了。"

你发现这两个版本之间的区别了吗？

哪一个更容易理解？为什么？

通过总结，你可以达到怎样的目的？根据 3S 公式，制作一份下页中的演示计划表。

尽管在详细阐述时同样用到了很多术语，但对绝大多数人而言，案例 2 的确比案例 1 更容易理解。在案例 2 中，塔德先说了要点（新滑雪装备的材质总透气量比市面上的其他同类产品增加了 11 升），然后在列举了 3 组论证数据后，他用结束语为整个演示画上了圆满的句号。

> **要点**
>
> **陈述**：经过精心设计，我们的新滑雪装备的材质总透气量比市面上的其他同类产品增加了 11 升。
>
> **论证**：
> - ◆ 其表面带织纹且布满小坑的鲨鱼皮结构，可以额外提供 7 升的透气量；
> - ◆ 通过适当缩小套装的尺寸，我们的新产品又能额外增加 2 升的透气量；
> - ◆ 还有另外的 2 升则来自拉链和接缝的精心设计。
>
> **总结**：这样加起来，我们的新套装就能够比市面上的普通套装多提供 11 升的透气量了。

注意之前塔德是如何用演示计划表来构建自己的要点的。原理很简单：重复要点，可以让它更容易被记住。通过重复将新知识植入听众的大脑，让他们开悟，并在"啊哈"一声之际转换思维。

职业说客很擅长利用这个技巧。如马尔科姆·格拉德威尔所言："我们要明白耐克和可口可乐都明白的一点：如果他们能让自己的品牌标识无处不在，如果他们能让自己的品牌出现在广告牌上、副食商店展示柜里、便利店橱窗里、建筑物表面、T恤衫和棒球帽上、赛车的引擎盖和顶棚上，以及五彩缤纷的青少年杂志上，人们就不可能忽略掉他们。其中的秘诀不在于欺骗，而在于重复；不在于巧妙构建，而在于直接展示。"

你的目标是让自己的信息不可能被忽视，吸引并重新吸引听众的注意力。为此你需要陈述、论证和总结每一个要点。实际上，3S 公式还适用于很多其他场合，并非仅局限于正式演示。当你的老板向你提问，当你需要在某次会议上作答，或者当你和客户打电话时，你都能用到 3S 公式。这个公式可以帮助听众记住并理解你的要点。

在本书开头阿米塔的演示中，她告诉买家，他们再也不用担心库存过多或过少的问题。她用 3 个要点来论证了自己的主张，并通过 3S 公式阐述每个要点（通过下面的演示计划表，我们可以清晰地看到阿米塔是如何分解每个要点的）。阿米塔讲了一个令人信服的故事，她告诉听众，自己的公司与典型的制造企业有何不同。她没有像其他人一样为听众制造问题，而是为他们解决问题。现在，她用 3 个强力的要点来进行论证。

要点

陈述：在裂变材料公司，我们自己配送货物，不会外包这项工作。

论证：
- 普通制造商通常会雇佣第三方来配送货物，因此他们会失去对服务质量的把控；
- 因为我们自己控制配送，所以只有在你需要的时候，我们才会把货物送过去；
- 我们过去的业绩记录表明，98% 的情况下我们都能提供夜间配送和退货服务。

总结：因为我们自己配送自己的产品，你永远不用担心自己的库存过多或过少。

第 2 章 / 打造强有力的信息

要点

陈述：在裂变材料公司，我们自己配送货物，不会外包这项工作。

论证：

- ◆ 制造商通常将存货控制外包。因此，他们需要依靠第三方来知悉自己手头还有多少库存；
- ◆ 业内顶级软件开发者为我们公司量身订制了库存控制系统；
- ◆ 过去三年，我们成功减少了 50% 的库存调整，订单履行和延期交货记录为业内最佳。

总结：我们控制自己的库存，这能够保证你们可以准确得到自己想要的产品数量。

要点

陈述：在裂变材料公司，我们发明了一种科学预测产品需求的方法。

论证：

- ◆ 制造商在预测买家货物需求方面的能力参差不齐，也就是说，买家面临着很大的不确定性风险。
- ◆ 我们也没有占卜水晶球，但我们在预测软件和程序上投入了大量的精力；
- ◆ 过去 3 年里，我们对产品需求预测的准确率至少比业内其他商家高出 20%；
- ◆ 我们会向买家提供 26 周的预测数据，这样你就能把我们的知识用到自己所有的产品线上，也就无须增长任何超过自己需求的库存。

总结：在预测需求方面我们明显领先业内其他商家，买家所有的产品线都能从我们的知识中获益。

在开场和结尾上加码

现在，你已经构建出了 3S 公式作为你的论证支撑。三明治里的火腿和蔬菜你已经准备完毕，那么接下来就要用开场和结尾制作三明治的面包片了。

如何用一个令人印象深刻的开场，从一开始就吸引到听众注意？坐在你面前的是一群精疲力竭、多疑、爱对他人冷嘲热讽，但仍保留着好奇心的人。让我们勇敢面对他们。你站上台之后要做的第一件事就是扫除他们的疑虑，激发他们的好奇心。你必须一把抽掉他们屁股下的垫子，让他们失去平衡，然后你就可以回答"那又怎样"这个问题。另外，他们的注意力持续时间都很短，所以你只有 6.5 秒的时间来完成这一切！

其实这并没有听上去那么困难。仔细思考表 2.2 中的开场白。

你发现这两栏的内容有哪些不同了吗？高效的开场都有什么共同点？低效的开场都犯了哪些错误？请注意，高效开场一栏完全是以听众为中心，使用的人称代词是"你"。相反，低效开场一栏使用的人称代词是"我"和"我们"。

有一个简便的方法可以判断你的演示是否高效，那就是将你提及自己和提及听众的次数拿出来作比较。如果你的演示从头至尾都是以自我为中心，你就会失去听众的关注。如果你谈得更多的是听众而不是自己，你就能牢牢地吸引他们的注意力。比较一下表 2.2 中两种开场语言风格的差别，你将对开场语言产生新的认识。

还应注意的是，高效开场一栏关注的是听众们的需求，而不是演示人的需求。每个案例中都有一个针对听众的情绪感染：

表 2.2　低效与高效的开场语言风格

	低效开场	高效开场
财务部的彼得	我想现在是个很好的时机，我们需要探讨一下信用卡支付过程中的某些安全问题，为此我制作了一份PPT……	谁能告诉我这张PPT呈现的是什么？……是的，我们每年都在损失100万美元。
乘务员	女士们，先生们，在飞机停稳前，请系好你们的安全带。	女士们，先生们，请看窗外！
产品总监塔德	"感谢大家给我这次机会展示我们新产品的一些特性。"	冠军和亚军，往往在0.01秒的差距中诞生。因此，你们必须尽一切可能去争取这稍纵即逝的瞬间。
市场总监阿米塔	请允许我为大家介绍一下我们先进的库存控制系统。	你们都在和存货作斗争，而现在我想要向你们展示的，正是裂变材料公司将如何帮助你们解决这一难题。

"你们正在和存货作斗争……你们正在损失资金……你们需要努力争取任何可能得到的0.01秒。"

有的演示人反感这种情绪感染。"生意不是这样做的。"他们这样说。有思想的人需要有理性的、逻辑清晰的理由才会采取行动，但我们仍然要先用情绪去感染他们，因为这就是人类大脑的工作方式。为了说服你的听众采取行动，你要触动他们的内心。请谨记"知道、感觉、行动"模型。

> 在头两分钟里至少打造一个强有力的陈述。每个知道你为什么站在台上的听众都想听听你要说些什么，因此请直接开始，不要把时间浪费在冗长的介绍上。
>
> 蒂莫西·库特

管理情绪的大脑，即专家口中负责瞬间对刺激作出反应，处理包括外界的威胁、飞来横祸，以及突如其来的惊吓在内的各种事件的"大脑边缘系统"。情绪是非理性的，它们是保证人类延续的必备因素，能让我们自动、快速地避开危险，抓住机会，从而顺利地生存下来。激烈的情绪会使人体内的皮质醇瞬间释放，导致心率和呼吸频率加速。

"噢我的天啊，我应该怎么办？"你最好让自己的听众产生这种反应，尤其是在开场的时候。然后你就能安下心来，慢慢用你的数据来说服他们负责理性和逻辑的那部分大脑，也就是新皮质。这时候，他们也会开始在心里做计划、抓重点，同时衡量你的证据。

人们对一场演示的开头内容印象最深。如果你的开场充分调动了他们的情绪，那么这个开场就能被更好地记住。大脑科学家约翰·梅迪纳说："激起情绪的事件，在我们的记忆中保存的时间要比普通记忆久得多，而且相比较而言，其回忆准确度也要高得多。"如果你想紧紧抓住听众的心，那么你得在一开始就成功吸引他们的注意力。在演示中，你曾被怎样的画面或声音所吸引？让我们来探讨几个备选方案。

- 抛出一个问题，然后让听众与你，或听众之间彼此进行交流。在不让任何人变成瞩目焦点的前提下，邀请人们作答。公布答案之前，你也可以给人们一分钟讨论时间。
- 抛出一个不需要回答的反问句，引起听众的思考。
- 讲一个小故事。用一个简洁但和自己经历有关的故事抓住人们的注意力。
- 引用凭证。用第三方的故事来佐证自己的信息。
- 展示醒目的视觉元素。用一幅图总结自己的信息。
- 融入一点艺术。找到和自己演示主题相关的一幅画，一座雕塑甚至一首乐曲并融入其中，伟大的艺术作品可以激励人们用不同的方式来思考你的演示主题。
- 使用道具，让你的听众深深记住你的演示。什么东西既能出乎所有人的意料，又能抓住他们的注意力，同时和你的演示主题密切相关？
- 展示令人惊讶的事实，拿出能够引起听众注意的证据。
- 反期望："你们以为我要讲……其实我想说的是……"
- 可以幽默，但要确保你的幽默简洁、切题且绝对合适。不要讲那些老套的蠢笑话。

演示开始前,用演示计划表吸引听众的注意,并陈述你的目的。

> **简介**
>
> **吸引注意:**
> 做或说一些能立即让听众对接下去的内容感兴趣的事。
>
> **陈述你的目的:**
> 呼吁你的听众行动,告诉他们你想要他们做什么。告诉他们所需要的一切,让他们感觉自己想要按照你所说的做。

请注意乘务员是如何运用这条准则的:

> **简介**
>
> **吸引注意:**
> 女士们,先生们,请看窗外!
>
> **陈述你的目的:**
> 一旦飞行员踩刹车,你们将被惯性抛到过道的尽头,被舱壁撞得头破血流。现在请你们回到自己的座位,并系好安全带!

这就是作为乘务员该做的一切。她无须另作补充,因为早在第一时间,她就已经得到了想要的结果。从某种意义上来说,这就是一场理想的演示。她完全吸引了乘客的注意力,并在没有提供任何数据支持的情况下,让他们按照她的意思去行动。

通常你需要做的事情会稍微多一点,但请你一定要明白,为了得到自己想要的结果而提供的信息并非越多越好。如果你的"行动—知道—感觉"陈述够强,你就无须再去改动它。

从下面的演示计划表中便可看出,阿米塔通过抽走听众屁股下的垫子，成功吸引了他们的注意。听众以为阿米塔只是会给他们进行一次大家都已听过无数次的普通的产品推销。然后，他们就被她的目的陈述吓了一跳。她是来帮助客户解决一个让他们彻夜难眠的问题的。阿米塔因此从无数千篇一律的产品推销员中脱颖而出，成功占据了客户的大脑。

> **简介**
>
> **吸引注意：**
> 研究表明，货架上库存过多会让你每年付出相当于货物价值三分之一的成本。而反过来，库存不足也会对你产生不利。脱销的每一个小时，你都在损失销售额。你们都懂缺货会让自己付出多大的代价。
>
> **陈述你的目的：**
> 我今天要讲的，其实不是我们的产品，至少今天不是。你们都在和存货作斗争，我想要向你们展示的是，裂变材料公司能如何帮助你们解决这一难题。

记住，你进行的每一场演示，都具有战略意义。你要么脱颖而出，要么沦为背景；要么得到想要的结果，要么立即被人遗忘。

这就是为什么一个强有力的简介至关重要的原因，它将教你如何变得与众不同。你并不需要做什么感天动地的事，而只需抛出一个煽动性的问题或讲一个好故事，以勾起听众的兴趣。要注意的是，你应该尽最大努力让问题或故事听起来都很特别。

开场非常重要，所以你应该多练习几次。它给听众创造出第一印象，而你练习的次数越多，就越能更快地吸引到台下听众的注意。

另外，尤其当你的演示比那位乘务员的要长时，你最好和阿米塔一样，先预习一下自己的关键要点：

> **预习你的要点：**
> 导入陈述：我们能够通过一个独创的方法帮助你们解决库存问题。和大部分制造商不同，我们：
> - 自己配送货物；
> - 自己控制自己的库存；
> - 比其他商家更准确地预测需求。
>
> 让我对此进行逐点讲解，告诉你们为什么以上这些，对你们未来的成功至关重要。

简介

预习可以让你明确自己的演示方向，放松你的大脑并让它再次专注起来。与此同时，这样的预习也相当于向听众展示一幅清晰的心理地图，让他们知道前方的路通往何处。

结尾有力

人们最容易记住开头和结尾，因此你最好保证自己的演示结尾也强劲有力。一个强有力的结尾可以激励听众按照你的意图行动。伟大的演说或书籍都有一个伟大的结尾：

温斯顿·丘吉尔："让我们勇敢地承担义务，如果大英帝国和她的联邦可以留存千年的话，人们仍然会这么说：'这是他们最光辉的时刻。'"

罗马哲学家塞内加："人生就像故事：不在于有多长，

而在于有多精彩，这才是最重要的。"

马丁·路德·金："终于自由了，终于自由了，感谢全能的上帝，我们终于自由了。"

亚伯拉罕·林肯："我们要在这里下最大的决心，定不让这些死者白白牺牲；我们要使国家在上帝的福佑下得到自由和新生，要使这个民有、民治、民享的政府永世长存。"

艾米·波勒："别忘了给你的女服务员小费。"

结论部分，是你的演示简介的镜像：

> **结** **论**
>
> **结论部分，回顾你的要点：**
> 即演示中同样的三个要点。
>
> **重述你的目的：**
> 重复你对人们行动的呼吁。你想要听众们做什么？
>
> **强有力的结尾：**
> 重复你希望听众所知悉的信息，让他们感觉自己想要按照你的意图去行动。

我们来看看塔德是如何用这个公式，为自己的演示创造一个强有力的结尾的：

> **结论部分，回顾你的要点：**
> 总而言之，在我们的"导弹"套装的帮助下，一位滑雪运动员平均可以节省：
> - 0.4 秒，来自鲨鱼皮材料；
> - 0.19 秒，来自更紧致的套装尺寸；
> - 0.11 秒，来自新的接缝设计。
>
> **重述你的目的：**
> 经过数百次测试证明，相比其他商家的产品，我们的套装可以让一名运动员在滑雪赛道上节省 0.7 秒的时间，如果你使用我们的产品，平均而言将赢得更多的比赛。
>
> **强有力的结尾：**
> 或许 0.7 秒听上去不是很多，但在滑雪比赛中，金牌和银牌之间往往就是 0.01 秒的差距，所以你必须争取可能得到的每一点时间。

结论

在塔德的新演示中，他成功讲述了一个关于研发更快的滑雪套装的故事。他展示了令人筋疲力尽的显微镜测试，以及不同表面材料和套装尺寸带来的意外成果。现在，塔德讲的故事终于和听众建立起真正的连接，因为他们也许能从中得到新的竞争优势。有的人可能会觉得，本书教的方法中存在太多的重复段落。但根据心理学理论，人们不太容易记住自己听到的东西。此外，尤其在时间更长、内容更复杂的演示中，听众通常都乐于接受要点总结。约翰霍普金斯大学认知心理学专家莉萨·费金森写道："工作记忆①的一个重要

---

① 一种对信息进行暂时加工和贮存的容量有限的记忆系统，在许多复杂的认知活动中起重要作用。——译者注

第 2 章 / 打造强有力的信息

属性就是，严格限制任何时间点的信息进入量。"

换言之，除非你重复足够多的次数，直至你的信息进入了他们的记忆，否则没人会记得你说过什么。有些时候出于直觉，我们也会采取这样的方法。当别人在讲故事或阐述一个很长的要点的时候，你是否也经常听到他们说这类话语，"就像我刚才说的，我认为这是奖励团队的绝佳办法"。我们甚至觉得有必要在人们头脑中的包裹上"打一个蝴蝶结"。

你必须吸引你的听众，并始终保持他们
对自己所见、所闻、所做高度负责。

富兰克林柯维公司

现在，你的演示怎么样了？你将如何开场？又要怎样收尾？听众会听从你的呼唤行动起来吗？他们会记得自己为什么要按你说的去做吗？假设，你的听众将要参加下一场会议，会上有人问他，"刚才那场演示讲的是什么？"你猜会发生什么？

"演示的人还不错，对自己的业务很熟悉。"

"他说了些什么？"

"高透气性的衣服什么的。实话说，我听得不是很懂。"

不不不。你希望你的听众会说："他打造了一种新的滑雪比赛服，可以让滑雪运动员在赛道上获得 1 秒钟的优势。"

"他是通过什么样的方式了解到这一点的？"

"他测试了比赛服的面料、尺寸和接缝设计等各种因素，做了好几百次试验。他甚至用电子显微镜测量了不同的阻力。其结论就是，使用他的套装可以提高 0.7 秒的成绩。你知道，滑雪比赛的金牌银牌往往只有 0.01 秒的差距，所以你必须争取可能得到的每一点时间。"

这是最理想的画面，听众不仅记住了你演示的内容，还能引用你的话来解释。

给自己计时

你应该讲多久？具体时长必须视具体情况而定。如果你能像拉斯韦加斯航空的乘务员一样，迅速传达信息，那么几秒钟就够了。

理想状态是，你应该把时间控制在 18~20 分钟内。著名的 TED 演讲创始人克里斯·安德森曾被问道："为什么 TED 的演讲都只有 18 分钟？"他回答："18 分钟既长得足够严肃，又短得刚好能够维持从听众那里吸引来的注意力。事实证明，这个时长在线上也非常有效。它正好是喝一杯咖啡休息一下的时间。"当然，在必要情况下，我们可能也要做长达数小时的演示。用本书的方法尽可能简化你的演示内容，简洁明了地表达你的观点，你就会有更多的时间带听众进入问答环节。互动是一个很好的"连接"方式。

无论演示需要多长时间，请记住以下法则：花大约 10% 的时间进行开场简介，10% 的时间收尾，80% 的时间展开演示的正式内容。

演示计划表是一种很好的思考工具，它能够帮助你设计一场简明扼要、有说服力、让人印象深刻的演示。有时候，计划表就是你所需的一切，而你只需完成脑力工作，准备就绪。有些人喜欢用填写计划表作为演示的草稿。阿米塔就是这样做的，因为她想准备得更充分一些。这是一个很明智的主意。以下就是她的演示详情。

第2章 / 打造强有力的信息

简介

吸引注意：

研究表明，货架上库存过多会让你每年付出相当于货物价值三分之一的成本。反过来，库存不足也会对你产生不利。脱销的每一个小时，你都在损失销售额。你们都懂缺货会让自己付出多大的代价。

陈述目的：

我今天要讲的其实不是我们的产品。你们都在和存货作斗争，我想要向你们展示的是，裂变材料公司将如何帮助你们解决这一难题。

预习要点：

我们能够通过3个独创方法，帮助你们解决库存问题。
和大部分制造商不同，我们：

- ◆ 自己配送货物；
- ◆ 自己控制自己的库存；
- ◆ 比其他商家更准确地预测需求。

要点

要点1

陈述：在裂变材料公司，我们不会将配送业务外包。

论证：

- ◆ 普通制造商通常会雇佣第三方来配送货物。因此，他们会失去对服务质量的控制；
- ◆ 因为我们自己控制配送，所以只有在你需要的时候，我们才会把货物送过去；
- ◆ 我们过去的业绩记录表明，98%的情况下我们都能提供夜间配送和退货服务。

总结：因为我们独立配送，你永远不用担心库存问题。

要点 2

陈述：裂变材料公司发明了一种科学控制存货的方法。

论证：

- 制造商通常将存货控制外包。因此，他们需要依靠第三方来知悉自己手头还有多少库存；
- 业内顶级软件开发者为我们公司量身订制了库存控制系统；
- 过去三年，我们成功减少了 50% 的库存调整，订单履行和延期交货记录为业内最佳。

总结：我们控制自己的库存，这能够保证你们可以准确得到自己想要的产品数量。

要点 3

陈述：裂变材料公司发明了一种科学预测产品需求的方法。

论证：

- 制造商在预测买家货物需求方面的能力参差不齐，也就是说，买家面临着很大的不确定性风险；
- 我们也没有占卜水晶球，但我们在预测软件和程序上投入了大量的精力；
- 过去的 3 年里，我们对产品需求预测的准确率至少比业内其他商家高出 20%；
- 我们会向买家提供 26 周的预测数据，这样你就能把我们的知识用到自己所有的产品线上，也就无须增长任何超过自己需求的库存。

总结：在预测需求方面我们明显领先业内其他商家，买家所有的产品线都能从我们的知识中获益。

> **结** **论**
>
> 结论部分，回顾你的要点：
>
> **总而言之，我们：**
> - ◆ 自己配送货物。
> - ◆ 自己控制自己的库存。
> - ◆ 比其他商家更准确地预测需求。
>
> **重述你的目的：**
> 如我刚才所说，裂变材料公司将帮助你们解决库存难题。
>
> **有力的结束：**
> 裂变材料公司能确保在任何时候，客户手里都有恰好适量的库存，不多不少。这对你们意味着什么？节省三分之一库存积压成本的同时，让你不再因为断货而损失销售额。

虚拟演示时，如何让听众牢牢盯住屏幕？

即使你将要进行的是一场虚拟演示，本书提供的绝大部分指导依然管用。你仍旧需要强有力的目的陈述（行动—知识—感觉），强有力的要点以及强有力的开场和结尾。但鉴于你的听众都躲在遥远的屏幕后面，你需要不停地吸引并重新吸引他们的注意力。

在你无法和他们进行目光接触的情况下，你将如何防止他们偷偷刷邮箱？在你滔滔不绝时，又该如何阻止他们和自家的狗玩耍？虚拟演示需要我们加倍费心。我们要呈上一段精彩的简介，列举勾人的要点和论据，以及最重要的一点：回答"那又怎样？"这个大问题。进行虚拟演示，请谨记以下指导：

计划你的信息

◆ 讲完每个要点后，问大家是否有疑惑；

◆ 允许听众通过聊天窗口口头提问；

◆ 尽量将在线演示控制在60分钟以内。

展开你的信息

◆ 进行投票，以此吸引听众注意力；

◆ 进行简单的自我介绍，以获取信任；

◆ 在开始时，介绍网络平台的功能，以便让观众知道如何与你进行互动；

◆ 用与听众有关的问题来保持他们的注意力。如"这个策略与我们的目标有什么关系？"或"你认为自己会遇到怎样的障碍？"

◆ 设计一轮终极投票或一段有针对性的结束语，呼吁听众行动。

↑ 总　结

除非你的信息回答了每一位听众头脑里的"那又怎样"问题，否则你的信息就不算强大。为了伺候好听众，你需要改变他们的思维。你要像那位让所有乘客都回到座位的乘务员一样，告诉他们所需的知识，让他们感觉自己应该按照你说的去做。这样，你就得到了一个内容强大、条理清晰的信息。现在，让我们进入下一步：设计强有力的视觉元素，让听众直接"看到"你的意思。

〉〉〉 **实践想法**

◆ 在接下来的几分钟时间里,请用填好的演示计划表进行演示练习。

◆ 站起来,找一面你很喜欢的墙。

◆ 对着这面墙演示 3 次,并把它当成你真正的听众。请注意演示的流畅度和条理。

◆ 怎么样?你的第一遍、第二遍和第三遍演示有什么不同?你注意到自己改变了措辞吗?第三遍或许要流畅得多?

◆ 如果你和大多数人一样,那么很可能纸面上的内容写得漂亮,但等你真正站到台上把它们说出来的时候就不尽其然了。尽量完整地传达你准备好的演示内容,是设计流程的关键一环。将你的演示稿多念几遍并对其进行修改,直到你相信自己能够用它说服听众改变思维。下一章,我们将探讨在演示中如何运用视觉材料。

演示计划表

用演示计划表展开你的信息。

结论

他们知道什么?
关于演示主题:
关于你:

他们的偏见是什么?

他们的关注点是什么？你的目标是什么?

目标陈述:

考虑后勤

日期 / 时间
日期:　　　　周几:
时长:　　　　几点:

环境:
☐ 当面演示　☐ 网络演示　☐ 电话会议　☐ 混合演示　☐ 其他
人数:　特殊需求:　后勤:　网络:　科技设备:

风险:
有其他演示人吗?　　　　演示次序:
其他:

简介

吸引注意：

陈述你的目的：

预习你的要点：

导入陈述：

1.

2.

3.

要点 1

陈述：

论证：

总结：

要点 2

陈述：

论证：

总结：

要点 3

陈述：

论证：

总结：

要 点

结论

结论部分，回顾你的要点：

1.

2.

3.

重述你的目的：

有力的结尾：

PRESENTATION ADVANTAGE
专家解读

1. "那又怎样"因素

趋利避害是我们的本能。如果在演示的开场阶段，你无法令听众意识到问题所在，或者这关乎其根本利益的话，他们心中就会出现一块大大的、写着"那又怎样"的题板，拒绝做出任何思维和行动上的改变。只有把他们面临的问难和挑战剖析得更清晰，将问题解决后的美好结果展现得更诱人，才能激发听众的兴趣，让他们认真听你说。

2. 知彼解己

在讲授演示技巧的过程中，我发现许多，尤其是具有销售或市场背景的学员，往往能在台上滔滔不绝、口若悬河，表现出极佳的口才。不过，在他们演示的过程中，台下的听众却纷纷走神，因为这些学员往往只从自身出发，讲自己感兴趣的内容，成为了"自嗨型"演示者，无法激发听众的兴趣、令他们产生共鸣。经典语录说得好："两年学说话，一生学闭嘴。"只有真正了解听众的需求，说出他们感兴趣的内容，**才能真正与之建立连接，打造一场高效的演示。**

3. 专家综合征

在我培训的学员中，大部分专业技术人员都曾表现出明显的专家综合征。他们痴迷于传递各种各样的专业术语，甚至在演示的过程中大量使用这一类词，却不曾考虑听众到底能不能听明白。

关于这个方面，我已经在培训中做过好几次调查。当时，我请参训学员到台上做演示。一听到他讲了某个专业术语，我就会打断一下，问台下的学员："谁知道刚才讲的这个专业术语是什么意思？"结果，大部分学员都表示不懂。更让我诧异的是，竟然连一些与演示者同属一个部门的学员，都不清楚他讲的这个专业术语是什么意思！

接下来，我又问其他学员："为什么你们不懂这些术语还频频点头，也不要求演示者解释一下？"学员们一般会说："如果让他解释，就会显得自己不如他专业，那我们宁可不问！"

我这样说，并不表示演示时不可以使用术语，但前提是，听众都能明白它们的含义。相反，如果他们与你背景不同，那么满嘴术语的你要么引来台下一片仰视，要么让人觉得你不知所云，然后迅速将注意力转移到手机上，甚至干脆走人。

4. 做最周全的打算

根据墨菲定律，会出错的事总会出错。如果你担心某种情况发生，那么它就更有可能发生。由于我早年在职场中经常做演示，之后又做了多年培训讲师的缘故，我曾观察到的，在演示中出状况的案例比比皆是。

比如，投影仪突然断电罢工、投影仪灯泡突然爆掉，或者突然出现连接问题；电话会议开始了，但就是有些人因为无法成功拨入电话会议系统，而带来各种忙乱；在演示过程中发现马克笔没有墨水了、电脑死机了；甚至直到开始演示的前一刻才发现，会议室被人占用了……

所以，后勤问题不容小觑，这些细节很有可能会毁掉一场你精心准备的**演示**！

5．如何开场，怎样结尾？

在演示培训中，我们经常会用"凤头、猪肚和豹尾"比喻演示的整个过程。"凤头"是指具有吸引力的开场，"豹尾"是指有力的结尾，而"猪肚"则指的是中间丰富的论证内容。

第❸章
设计具有冲击力的视觉元素

Presentation Advantage
How to Inform and Persuade Any Audience

包装损坏、发错货、发货延迟的现象在网购时代屡见不鲜，面对超过总量 30% 的问题订单，奇普做了一场怎样的演示，让高管层痛定思痛？

乔布斯重回苹果后出台的第一批政策就包含禁止使用 PPT，航空公司向 NASA 展示的 PPT 因信息不全，直接导致航天飞机失事，演示人到底该不该用 PPT？

第 3 章 / 设计具有冲击力的视觉元素

订单经理奇普满意地环视着会议室。几分钟后，这里即将召开一场董事会会议，他则要在这次会议中进行演示。在眼前的 10 个座位上，他放了 8 个盒子，也就是客户从裂变材料公司订货后将收到的那种包裹。其中 7 个盒子完好无损，但有 1 个却又破又脏。还有两个座位上空空如也，没有放盒子。

董事会成员鱼贯而入，他们都拿起各自座位上的盒子，像生日派对上的孩子一样摇晃着它们。"给我们的？"他们问。

"没错！"奇普说，他一面微笑，一面和大家握手致意。"但是，请大家先不要打开它们。"

座位上没有盒子的两个人疑惑地对视了一眼。"怎么回事？"他们耳语道，"为什么我们没有？"

董事会的主席是一个冬季项目的著名运动员。她最后一个抵达，风风火火冲进会议室，坐在自己的位置上，然后盯着眼前那个又破又脏的盒子。

"这是什么玩意儿？"

"给您的礼物。"奇普微笑。

董事会主席环视了一下别人的盒子,都很完好。

"我的和他们的好像有点不一样,对吗?"

"的确如此,"奇普回答,"那么,大家都打开你们的礼物吧!"

> 向读者展示一切,同时什么也别告诉他们。
>
> 欧内斯特·海明威
> 小说家

董事们纷纷拆开盒子,拿出里面漂亮的冬季手套。每只手套上都贴着一个小小的金属标签,上面写着各董事会成员的名字和联系方式。

"这是我们的新产品,定制滑雪手套。我们为裂变材料公司董事会的每位董事都免费准备了一副作为礼物。"奇普自豪地宣布,"在座的有谁曾在赛道上丢失过手套吗?"

董事们都是滑雪运动员,他们轻声笑着,全都举起了手。

"好的,从今以后如果有人找到了你们的手套,他们就能把它物归原主了。大家感觉如何?"

"那我们呢?"两位没有得到手套的董事问。

"噢,你们的手套没有按时到达,抱歉。"

然后,所有目光都转向了董事会主席,她手里拿着的明显是两只儿童手套。

大家忍俊不禁。

"请你解释一下,我手里的是什么?"她有些恼火地问。

"哎哟,尺码搞错了!还有,呃……很抱歉它们被装在了破损的盒子里。这种事情总是在所难免。大家都知道,有些事情不该发生,但确实会发生。"

奇普打开投影仪,屏幕上出现了一个皱着眉头的年轻人,手里拿着一套尺寸对他而言有点小的滑雪套装。直言不讳地抱怨起来:"我叫杰克·雅布,是你们的客户。我花了800美元购买了你们的裂变'导弹'一号比赛服。我按要求,一步步地填写订单,把我的全部信息全都给了你们。可你们看看我得到了什么?一套儿童尺寸的裂变初学者比赛服,标价90美元。我要怎么穿着它去参加比赛?"

奇普又调出了另一段视频。视频中一位父亲带着两个看上去很不高兴的女儿。

"嗨,我叫惠特克,这是我的两个女儿莎拉和索尼娅。圣诞节前1个月,我为我的孩子们订购了两套滑雪板,但是一直到今天我都不知道它们在哪儿。到底是怎么了?"

一图胜千言。

中国谚语

接下来,奇普展示了这样一张PPT:

```
┌─────────────────────────────┐
│                             │
│                             │
│          1/3                │
│                             │
│                             │
└─────────────────────────────┘
```

"三分之一,"奇普说,"我希望你们记住这个数字。今年,我们整整三分之一的订单都出了问题。快递盒受损、发错货、发货延迟,或者根本就没有发货。顾客们都火了。

"作为裂变材料公司的订单经理,我对此感到非常震惊。为此,我提议公司终止与订单管理服务商的合作,把这些业务收回到自己手中。简而言之,我认为我们应该自己配送自己的产品,而不是依靠别人来做这件事。"

到目前为止,你觉得奇普的演示怎么样?

奇普的职位责任重大。他主管仓库,负责在正确的时间将正确的货物送到正确的客户手里,这就是所谓的"订单"。然而,他的公司却总是将这项服务外包给第三方。

因此,一直以来奇普的工作都是试图保证第三方配送公司把工作做好,然后在出问题时替他们背黑锅。当他有了几乎被淹死在客户投诉中的经历之后，奇普确信，自己能把这项工作做得比第三方服务商更好。

但现在，他必须说服董事会让他亲自配送货物。当初正是董事会决议将配送服务外包给第三方的，他们认为由第三方配送货物可以节省成本和避免不必要的麻烦。因此，如今最迫切的任务是改变他们的思维。

这是一种很强大的固定思维。许多不想在货物配送上花太多成本和精力的大公司，都把订单服务外包给专门的公司。这对很多公司而言都是一个很好的选择，但在奇普看来，这恰恰不适合他所在的公司。

你认为奇普将如何改变董事会这种固定思维？如海明威建议，奇普是将问题展示给了听众，而不是用口述的方式传达信息。

通常，我们认为演示就是"讲、讲、讲"。但实际上，优秀的演示应该是"展示、展示、展示"。

就算你妈妈喜欢你画的鸭子，并把它贴在了冰箱上，也不能说明你画得很好。

迈克尔·托马斯·福特

因为所有相关专家都会告诉你，图片天生比文字更具冲击力，而这也正符合我们的直觉。在几年前的一次著名实验中，研究人员向被试者展示了1万张图片。他们惊奇地发现，这些被试者能够回想起那些图片，却想不起配图的文字。

那次研究的结论是——图像记忆从数量上优于语言记忆。换句话说，就是相比文字，人们更能记住图像。另外，绝大多数人都听过这样一句中国谚语：一图胜千言。

有人认为这句谚语并非来自中国，而是广告界宗师弗雷德·巴纳德的名言。他故意宣扬这是中国谚语，因为"这样大家才会认真待之"。无论源自哪里，这都是一条非常重要的原则，值得我们运用到演示中。

因此，请将你要传递的信息视觉化，创造能够给听众带去情感冲击的图像。他们可能不记得你说过什么，但就算很久之后，他们还是能回想起这些图像。

不幸的是，在我们的经历当中，大多数演示都是视觉灾难。通常我们看到的都是：

- 满是着重号的 PPT（"我一个字也记不住！"）；
- 根本读不懂的表格（"这都是些什么鬼！"）；
- 超小的字体（"还以为自己在做视力检测呢！"）；
- 不愉快的颜色（"这些红色的文字看得人头晕！"）；
- 神秘的图标和图形（"这些数字都是什么意思？"）；
- 不相关的图片（"为什么在刚才那场最后一个季度的财务演示中，我看到了一张鸭子的照片？"）

曾有一次，我们参加了一场面对高层管理人员的财务报告会议。演示中展示的每一张 PPT 的左上角都画着一只漂浮的鸭子。当会议结束，我们都准备离开的时候，终于有人忍不住问演示人："那只鸭子是几个意思？"

演示人说："哦……我忘记说了。鸭子代表的意思是：我们都非常努力，同时又保持镇定。你懂的……是不是很像一只鸭子，双脚在水下疯狂地划动，而我们看到的只是它在水面上的平静前行？"

真可爱。我们几个人无奈地笑笑，离开了会议室。

从这种愚蠢的例子可知，绝大多数人都不知道应该怎样为自己的演示添加视觉冲击力。相反，如果奇普进行的是一场常规演示，或许会是下面这个样子。

	A	B	C	D	E
1	订单ID	订单日期	预期交货日期	实际交货日期	订单状态
2					逾期
3					按时
4					逾期
5					逾期
6					逾期
7					按时
8					按时

奇普：感谢董事会给我这次机会，我将花几分钟时间说一下我们最近在订单上遇到的问题。现在，请大家看看我为此准备的几张PPT。

"以上是12月的货物配送情况。我们有很多理由可以说服自己相信这样的业绩还不错。但是请看这里，还有这里……哦，我猜大家可能看得不是很清楚……总之，有几个订单已经顺利录入系统，但交货日期却逾期了。我们推断，之所以出现这种情况，是因为我们的服务商在配送流程上出了问题，并导致了某些信息混乱。

"我们的服务商使用的是全自动的订单录入系统，但对我们公司的经营规模而言，相比较全自动录入，使用人工录入的方式确是有百利而无一害的，其中还包括了它将给我们公司的品牌声誉带来的好处。当然，服务商相比我们也有一个优势，那就是出货通知的跟踪系统……"

不难想象，如果奇普就这样对着表格自言自语，那么部分董事会成员就会开始瞄自己的手机了。其他的可能会迷失在茫茫大雾里，又或者陷入了午餐菜单的无限遐想中。

在我们发明的所有大众传播工具中，
图片仍是其中最容易被全世界人理解的。

华特·迪士尼
华特迪士尼公司创始人

奇普不傻。他是一名天生的演讲者，一个充满正能量的人。然而如果他不知道如何通过视觉元素与听众建立连接，恐怕连他的性格天赋也救不了他。演示中，千万不要出现字体微茫的复杂表格。表格应该被印在小册子上，而不是出现在PPT中。

相反，奇普把裂变材料公司顾客们的糟糕体验，复制给了董事会的成员们。7个人为自己的新手套感到兴高采烈，而其他的3个人却对此次购物体验感到非常失望。视频直接呈现了客户对公司表达的不满,这样活生生的形象进一步加深了大家的强烈感受。最后一个大大的"1/3"一锤定音,有力地敲响了所有人内心的警钟。

这就是冲击力。没有强大的冲击力,就无法转变他人的思维。

专家将其称为"视觉—听觉—动觉"演示,即你能看到、听到并实实在在地触摸到,而不仅是单调地听一个声音讲解几张枯燥乏味的PPT。奇普堪称大师级的演示人,他明白如果听众能够看到、听到并感觉到客户的痛苦,他们的思维就会转变。

无论是定制手套并精心包装,还是收集视频和设置情景,都需要花费大量的工夫。奇普的工作遇到了大问题,但他拒绝成为董事会固定思维的受害者。他决定改变现状,于是他付出努力,精心准备了这次演示。

并非所有演示都需要如此周密的准备,但奇普的演示的确是视觉设计方面的绝佳案例。

如果你想成为一名具有影响力的演示人,以下3条视觉设计关键原则可以起到很大的帮助:

冲击力原则

- ◆ 使用与主题相关的图片;
- ◆ 创造引爆思维的视觉元素;
- ◆ 创造一个大局图。

模式原则

- ◆ 贯彻一个视觉主题;

- 用色彩增添趣味性；
- 用心设计字体。

简单原则
- 消除视觉混乱；
- 保持文字最少；
- 有限使用动画和图片切换效果。

"第一印象图"与"大局图"

回想一下你这辈子见过的最令你印象深刻，甚至改变你人生的图片。

你是否记得起自己父母的婚礼照片，或你在孩子生日那天拍摄的录像？当你回忆自己最喜欢的电影或某次旅行，你脑海里会浮现出怎样的画面？

> 图片不能只作为故事的辅助元素，它还必须包含故事。
>
> 塔季扬娜·索利

那些时不时袭击人类的可怕灾难呢？来自灾难和悲剧的画面总会毫不留情地折磨我们的思想和感情。

有时候，画面产生的巨大的瞬时冲击力不是文字可以比拟的。

一幅视觉冲击力足够强劲的画面可以颠覆一个人的思想。在奇普的视频中，怨气冲天的顾客为我们带来的那些真实画面就对董事会产生了类似效果。

如果你想敲打他人的思维，那么请谨记"情绪冲击原则"。归根结底，影响人们行为的是他们的感觉。如果你想要改变他人的思维，请呈现能够打动他们情感的画面。

下面三条建议将为你的演示带来视觉冲击。

◆ 使用与主题相关的图片；

◆ 创造引爆思维的视觉元素；

◆ 创造一个大局图。

使用与主题相关的图片

投影仪或屏幕已准备就绪，你也连上了网络，演示即将开始。你希望听众们第一眼看到的是一张怎样的图片？

一个大写的"欢迎"？一个带着大 LOGO 的演示标题？抑或是你不小心放上去的你家猫咪的玉照？

当然，所有这些"第一印象图"都没错，只是也都不起作用。考虑一下，你在开场的时候想给听众带来怎样的冲击？

听众们在奇普的演示上，看到的第一张图片是什么？

某些人的盒子里装着精美的礼物，一个人的破盒子里装着错误的礼物，其他人则干脆连盒子都没拿到。然后是顾客怨气冲天的自拍；最后是一个大大的"1/3"。所有这些画面汇聚起来，给了听众们的思维重重一击。

创造引爆思维的视觉元素

如果你真的想与听众建立连接并转换他们的思维,必须从能够让他们刮目相看的、与主题联系最为紧密的图片开始。通常,这张图片应该将演示的主题具象化。主题是经过精心设计的,它向听众传递相关信息(知识),激励他们采取行动(感觉)。

那么,我们有没有更有效的办法,比如以图片的形式向听众呈现演示主题呢?

吉尔·博尔特·泰特博士题为"左脑中风,右脑开悟"的演讲,常年位居 TED 演讲的前三。她以一张自己与患有精神分裂症的弟弟的感人合影开头。这张照片不仅阐明了泰勒投身大脑研究的动机,也让听众们产生了强烈的情感共鸣。

在另外一场同样极受欢迎的 TED 演讲中,西蒙·斯涅克在开场时绘制了一个简单的图标,他称之为"黄金圈"。他的演讲中没有任何炫目的高科技视觉元素,甚至不包括一张简单的 PPT。台上就只有一张纸质表格和几支马克笔。然而,就是那张小小的纸片,承载了他全部的伟大洞见。

那么当演示开始时,你所呈现的视觉元素究竟会让听众们发出嘘声还是惊叹?人们会正襟危坐、洗耳恭听,还是靠在椅背上偷偷玩手机?

创造一个大局图

在精心构建自己的信息时,你应该思考"一开始放怎样的图片最具有冲击力?什么样的图片最能体现这场演示带来的情绪冲击?我应如何将演示的战略要点以图片的方式呈现出来?"

这样的图片也就是专家们所谓的"主图"或"宏观画面"。它可以向听众传达你的要点或主题。它是用一幅图讲述的整个故事，是可以颠覆听众思维的一个画面，一张图表、照片或插图，甚至是数字。我们称之为大局图。

多年前的一个夜晚，商人罗林与赫布在圣安东尼奥某饭店用餐。罗林抓起一张餐巾纸，为赫布画了图 3.1。

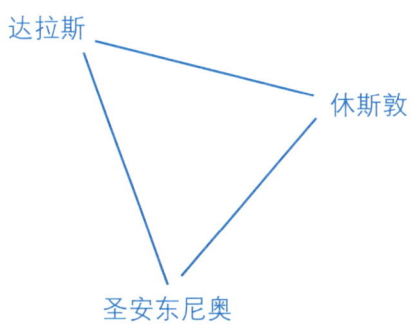

图 3.1　最赚钱航线大局图

罗林解释，人们无法直接从其中一座繁荣的得克萨斯州城市飞到另外一座繁荣的得克萨斯州城市，他们必须经过各种转机。比如，从休斯敦飞往达拉斯，你必须先飞往丹佛，然后再绕回来；为了从圣安东尼奥飞往休斯敦，你必须先到芝加哥！如果有一个小型、廉价的航班，专门飞这三座城市，会怎么样？

这就是一幅大局图。罗林·金和赫布·凯莱赫就是用这张餐巾纸上的图拉到了投资，然后创立了拥有历史上最赚钱航线的美国西南航空公司。

还记得开篇彼得的演示吗？

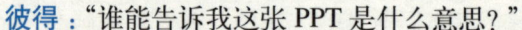

彼得:"谁能告诉我这张 PPT 是什么意思?"

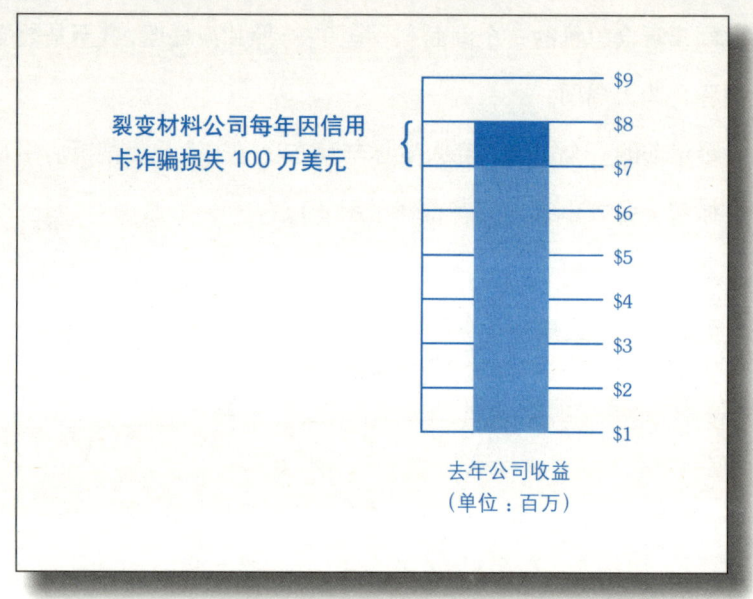

阿米塔:我的天呐!我们今年损失了 100 万美元!

彼得通过在演示开场展示给大家的大局图,达到了改变他人思维的目的。

◆ 将所有东西简化;
◆ 改变思维;
◆ 总结演示要点;
◆ 通常会展示一个主要的对比,比如使用前和使用后、现在和过去、采用和不采用;
◆ 让人们感觉想要按照你说的去做。

大局图是听众们需要看到的"与主题最为相关"的图片，它就是那个大大的"那又怎样"。如果你想要听众记住你演示上的某个要素，并让它在听众的大脑中留下深深的烙印，那么你就需要大局图。如果你找不到真实图片，就用语言描绘一幅简单的画面。记得拉斯韦加斯航班的乘务员吗？她让大家看向窗外的时候，是不是就描述了可能会发生的悲剧画面？大局图能

◆ 在演示开场的时候，强有力地吸引听众的注意力；
◆ 为演示制造一个强有力的结尾。

那么，你的演示大局图是什么？你希望你的听众们在开场和结尾看到怎样的画面？

别让 PPT 毁了你

史蒂夫·乔布斯再度接手苹果公司后，出台的第一批政策中就包含禁止 PPT 的使用。"我讨厌人们用 PPT 而不是用脑子演讲。准备演示，是人们直面问题的绝佳时机。我希望人们在会议桌上探讨、推敲，而不是瞪着几张 PPT 傻看。"

我们当然不会要求你也放弃 PPT。在很多情况下，PPT 是非常实用的工具。但作为一个伟大的商界思想家，为什么乔布斯对演示中的 PPT 如此反感呢？因为 PPT 早已不是帮助人们进行思考的工具，它取代了真正的交流，成为了演讲者的拐棍，是一种单项交流的扩音器。

Presentation Advantage
How to Inform and Persuade Any Audience

谁未曾面对填满文字、永远翻不完的PPT感到无聊、昏昏欲睡？我的一位朋友甚至声称，自己曾经差点淹死在一个个项目符号里。

人们会在你展示第二张PPT时就给你的演示下定结论。在此之后，就算你将要点列得再好，也只会是亡羊补牢，为时已晚了。

赛斯·高汀
管理者圣经系列书作者

往PPT上列几点重要信息并没有错。如果你唯有通过一个重要列表才能传递你的信息，那么列出重点信息非常管用。然而，我们并不需要看到演示人在上面画的着重标记。现在的人不需要听一场滔滔不绝的演讲，人们希望和演示人一起思考、探讨。这意味着你要将自己的PPT变成帮助人们思考的工具。以下是用视觉元素帮助思考的几点建议：

1. 使用多样的视觉元素引起交流。图片可以引发问题、唤起强烈情绪或扫除疑虑。上网时，你曾多少次见到这样的语句？——"这张图片将会让你哭泣、疑问、思考、畏惧、改变想法、呕吐、想要减肥"等；

2. 使用视觉元素制造悬念。当奇普在屏幕上放出那个巨大的"1/3"时，人们自然而然会去想它究竟代表什么意思，或它为什么那么大；

3. 用视觉元素讲故事。尽量在你的故事里使用真实人物、地点和事件的图片。只有在无法获取真实图片的情况下才使用素材图片。但最好的方式仍然是播放短片。

你知道著名的美国众筹平台 Kickstarter 吗？伟大的成功源自众筹，我们应该从它身上汲取宝贵经验。Kickstarter 的全部目标，是说服人们投资新创意。那么，实现这一目标的最佳方式是什么？当然是用视频，传达一个吸引人的故事。

内容营销人员沙恩·斯诺解释了好故事对 Kickstarter 的重要性："Kickstarter 网站之所以取得成功，成千上万的创意人员之所以能够在 Kickstarter 平台上赢得数百万人的支持，就是因为它能够帮助人们把自己的故事展现到大家面前。然而，帮助人们讲故事的 Kickstarter 本身也需要故事。每个项目都必须有一个视频，由创意者讲述他们为什么做这个项目，他们在做什么，以及他们为什么需要帮助。不幸的是，在 PPT 盛行的年代，很多人都忘了怎样讲一个好故事。"

4. 紧紧围绕你的目标，使用正确的视觉元素。把图片想象成完成特殊任务的工具。你需要完成什么样的任务呢？

根据你想要完成的任务，选择正确的视觉元素。接下来，你怎么知道自己使用的视觉元素是好是坏？如果它能够引起人们思考、交流和行动，它就是好的，否则请换图。

你想要……	请使用……
展示百分比?	饼状图 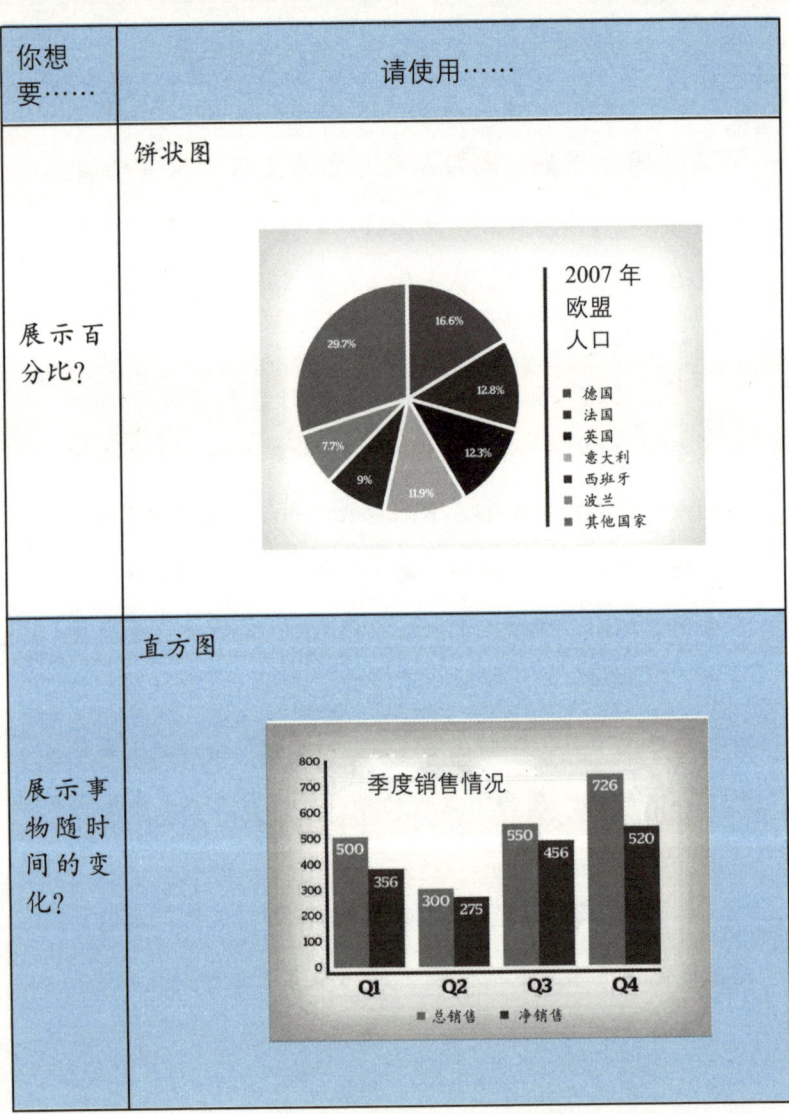
展示事物随时间的变化?	直方图

第 3 章 / 设计具有冲击力的视觉元素

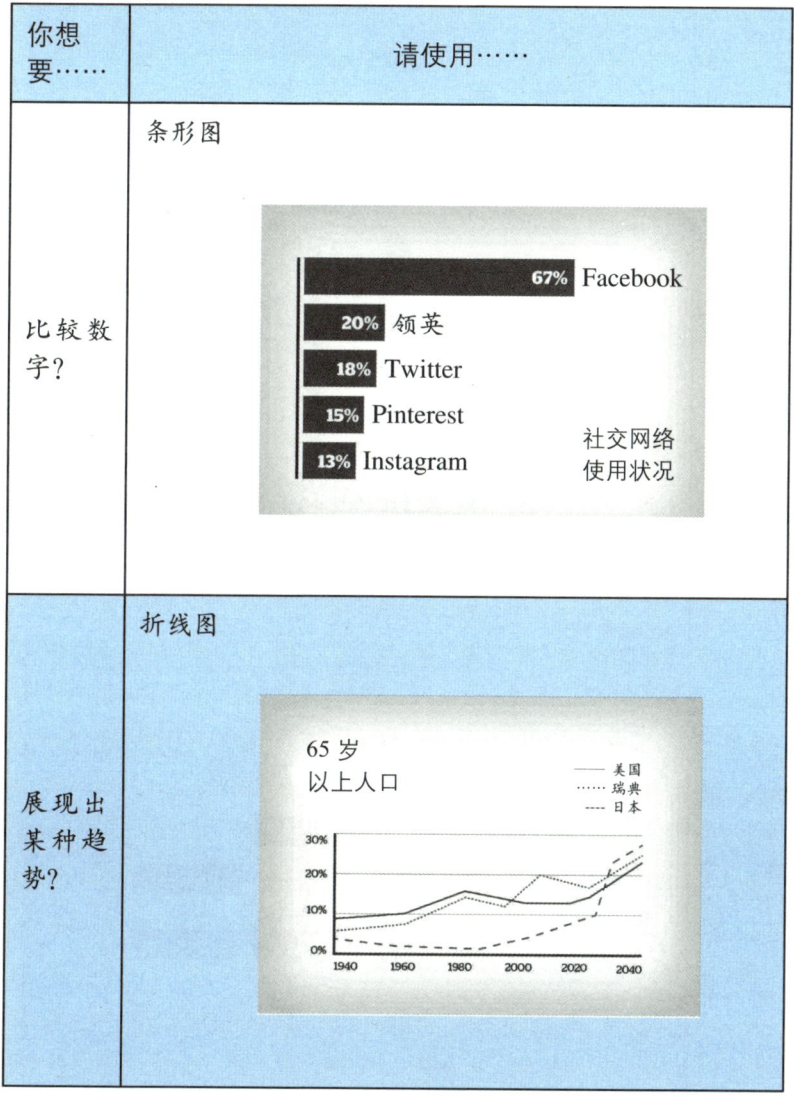

你想要……	请使用……
展示某个流程的具体步骤?	流程图 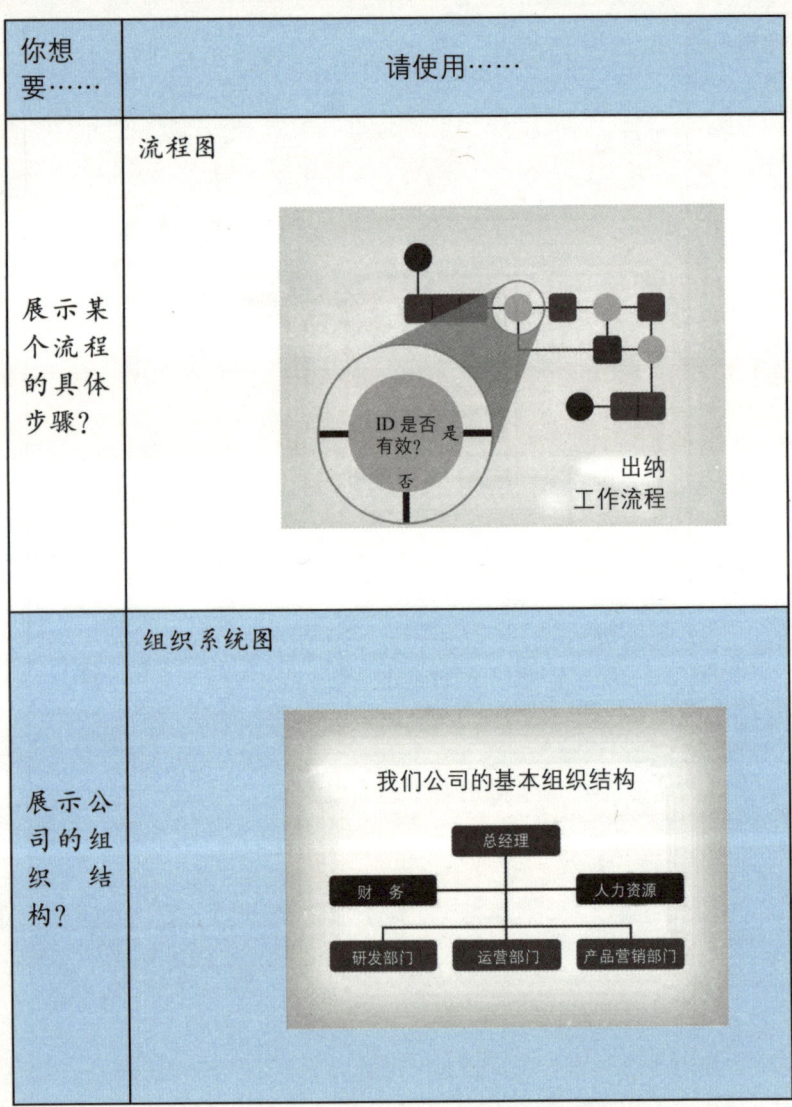
展示公司的组织结构?	组织系统图

换掉 Excel，改用高质量图片

这里所谓的高质量图片，并不仅仅是指那些高分辨率、拍摄精美的图片。你如何定义"质量"？我们的定义是：如果一样东西能完成自己应该完成的任务，就算高质量。

举个例子，安娜是一位产品经理，她正在为自己产品销售缩水而发愁。她非常希望公司能投入资金进行产品升级，因为她相信，自己的产品具有巨大的尚未开发的潜力。然而，她必须和其他大项目竞争资金预算。不幸的是，安娜并不擅长演示。她带着下面这张PPT走进了高层会议室并告诉公司的管理团队，她的产品市场销量正在下滑。

	发布	第1年	第2年	第3年	第4年
1 200 000					
1 100 000		1 050 000			
1 000 000					
900 000					
800 000			860 000		
700 000	750 000				
600 000				600 000	
500 000					
400 000					450 000
300 000					
200 000					
100 000					

好吧，这样的表格管理团队见多了，他们只会用诸多理由来搪

塞你,"这只是公司业务的5%""产品有自己的生命周期""我们有别的优先项目""它之前卖得不错……或许是时候让它退出市场了"。

这个视觉元素的质量没有过关,因为它并没能完成安娜想要完成的任务。再者,这样的电子表格实在令人难以理解。

但是安娜没有放弃。她回去准备了一下,然后制作了一张更有冲击力的PPT。

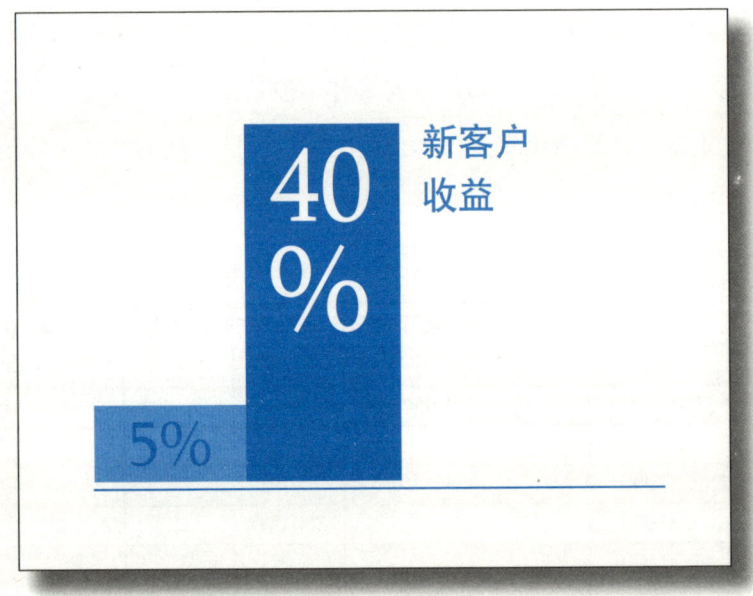

新的PPT传达了这样一个信息:升级后,她的产品将为公司带来的收益可以从5%增长到40%。加上她后来提供的强力论证,新PPT完成了任务,安娜得到了自己所需要的预算。

这张新PPT就是所谓的高质量视觉元素:它完成了自己的任务,而且完成得很好。它简洁清晰,在突出重点方面大大提升,很好地传递了安娜想要传递的信息。

第 3 章 / 设计具有冲击力的视觉元素

做一名出色的视觉设计师

模式原则很简单:相比一场复杂而无序的演示,条理清晰的演示能够让人获得更多的信息,也让人更深入地理解演示主题。它是 ODTAA("一件又一件的鬼事")的反面。在很多糟糕的演示中,各种乱七八糟的图片把原本就混乱的信息搅得更加混乱。

> 大多数演示人所准备的提示卡、视觉辅助工具(通常是 PPT)以及最后分发的文件的内容都完全一样!这太荒谬了!
>
> 瓦希德·万洛尼

人们在设计自己的演示时,可能会加上很多 ODTAA。他们要么是"文字狂",让听众淹没在符号汪洋中;要么是"图片狂",将听众围禁在图片深谷里。当然也少不了"字体狂",他们总是变着花样玩字体。如此等等,不一而足。听众们希望你的视觉元素有一个可预测的模式,这样他们才能更好地抓到重点。以下是几点建议:

- ◆ 贯彻一个视觉主题;
- ◆ 用色彩增添趣味性;
- ◆ 用心设计字体。

贯彻一个视觉主题

确保你的 PPT 自始至终都能为听众带来统一的视觉体验。我希望你能创造独有的标题和色彩模式,而不是直接使用现成的 PPT 模板,因为它们将限制你的创作。接下来让我们对此进行分解:

用标题呈现演示的结构。太多的演示人会在演示中展示大量的 PPT,而它们简直就是一连串的碎片,在听众的视线中一晃而过。如果演示人无法用清晰的视觉元素将其结构呈现出来,那么就算是条理严谨的演示也会让人感觉混乱无序。

要点预览。如果你准备说明 3 个要点,但听众却看不到它们的并列展示,可能就无法记住。因此,请你制作能够预览要点的 PPT。

对安娜而言,为了说服管理团队让她的产品进行升级,她需要将 3 个理由"烙印在他们的大脑里"。安娜制作了 3 张 PPT,在每张 PPT 上都列出了一个理由,并按照重要程度向自己的听众一一展示。

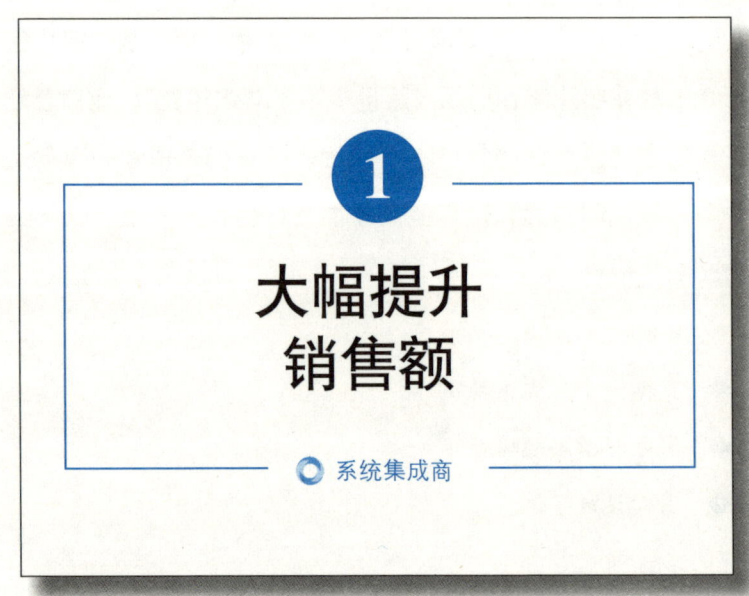

2 强化
品牌和声誉

 系统集成商

3 让我们的顾客
感到愉快

 系统集成商

安娜通过这种方式预览演示要点,让论证结构瞬间变得清晰明了。她所期待的结果是:当会议结束时,每位董事都念叨着这几个要点。

如果你将进行一场长时间的演示,那么为了避免把听众整晕,你就需要用这样的概览 PPT 来介绍并总结每个章节的信息。在每张 PPT 的页眉处添加章节标题,这样一来,听众们就可以随时了解自己处于演示的哪个部分了。

当然,安娜也可以将所有升级理由列在一张巨大的文字 PPT 上。如下所示,它们没有任何排列顺序,因此听众无从得知它们的重要程度分别如何。

我们为什么要升级这款产品?

- 我们需要升级这款 4 年前推出的产品;
- 竞争对手遥遥领先,我们落后了很多;
- 我产品不一定能一如以前,凭借高质量受到欢迎;
- 公司曾在该产品线投入数百万资金,但我们错失了良机;
- 我们的品牌陷入了危机,市场已不再把我们归为创新一类;
- 就说话这会儿,我们的产品评论排名仍在不断下降;
- 我们正与自己的企业价值观背道而驰,这必须改变;
- 我们没有取悦顾客,这也是一个亟待解决的问题。

这张 PPT 既没有冲击力,也毫无条理可言。你没办法一下子看懂它,因为它缺少模式。

慎用项目符号。 在列表中使用着重符号可能效果显著。有时，我们甚至仅需一个表格就能帮你说明问题，如预览要点，或逐条列记某台机器的各个部件。

然而，如果听众们面对的是密密麻麻全是项目符号的冗长列表，那么他们就该犯头疼了。他们记不住这样的列表。还是老问题，人们分辨不出来列表的优先次序。要点将淹没在冗长无序的列表中。

请将每张列表中列举的要点控制在 5 条以内。而更好的方法是，把你的列表变成图片。

如果能用数字表示的，就不要使用着重符号。 用数字依次标明每个流程步骤，或按其重要程度排列事项。不要像下图那样：

激发个人效能的五大选择

- 从要事着手，不让急事牵着鼻子走；
- 追求非凡，远离平庸；
- 安排好"大石头"，不要在"沙砾上"浪费时间；
- 做技术的主人，别做技术的奴隶；
- 保持精力充沛，避免精疲力竭。

- 决策
- 专注
- 能量

你应该像下面这样做：

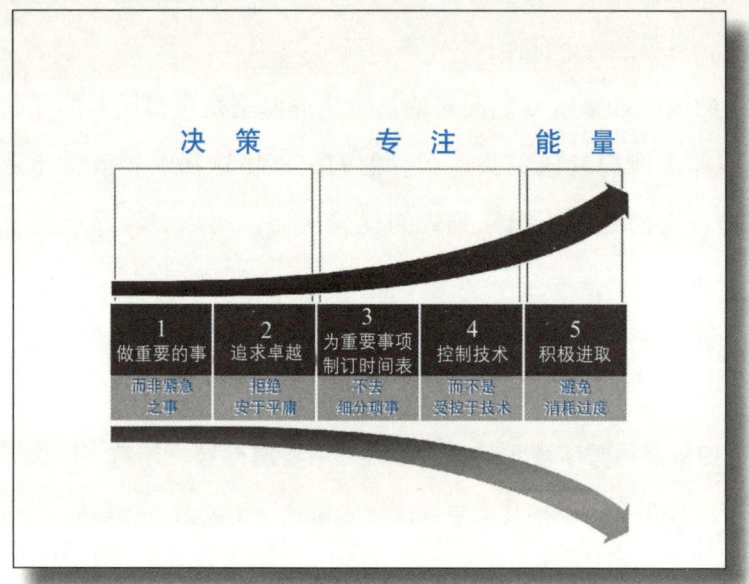

用色彩增添趣味性

以下是关于如何利用色彩增添趣味性的一些建议：

利用色彩集中人们的注意力。色彩能够帮助你控制人们的视线。你可以用明亮的色彩让人们把目光集中到重要的信息上，而用稍微暗淡的色彩代表那些不那么重要的信息。

在下面这张 PPT 中，安娜就是利用颜色技巧，让人们把注意力集中到要点上的。深色背景上的明亮白色箭头，让人们的注意力集中到销售额下滑的信息上。

第 3 章 / 设计具有冲击力的视觉元素

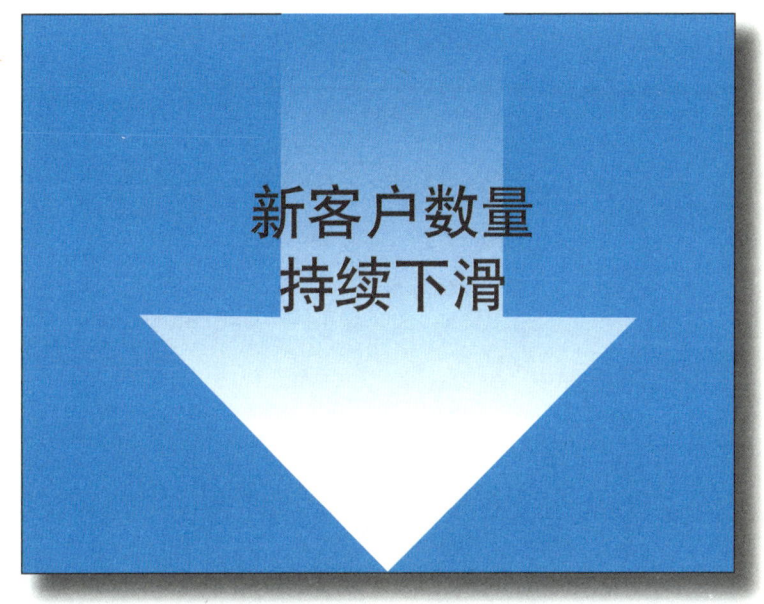

有些人认为深色背景、浅色文字的 PPT 更加引人注目，也更适合观看。(然而，如果你的 PPT 最终将被打印出来，那么请使用白底黑字吧，人们一定会感谢你节省了墨水！)

同时，还请考虑你的演示环境。在灯光较暗的情况下最好使用深色的 PPT 背景，否则它可能会闪瞎听众们的眼睛；而如果光线充足的话，则建议选择白底亮色。

用明亮的颜色表示能量。多种颜色混在一起可能会产生不和谐，但这种方法也可以为你的演示注入能量。你看看下面这张名为"欢乐"的 PPT，当各种色彩混合在一起时它们看起来是怎样的生机勃勃，然而人们的目光却依然被明亮的关键词"欢乐"所吸引。

15 亿
游戏 & 娱乐下载

欢　　乐

用心设计字体

投资家盖伊·川崎曾见过成百上千位想要筹集资金的演示人。他就PPT的设计提出了以下建议：

大多数演示人会在PPT中选择使用10号字体，以便往页面上填塞大量的文字，然后在演示过程中照本宣科。可怕的是，一旦听众察觉到这一点，他们就会抛下你直接去看PPT，因为嘴巴总快不过眼睛。因而你和听众的进程，也将变得无法同步。

人们在PPT中使用小字体的原因通常有两个：

1. 他对演示的内容不够熟悉，堆砌大量资料以备忘；
2. 他以为文字越多越具说服力，而这个想法完全错误！

强迫自己使用30号或更大的字体吧，我保证这将令你的演示更加出色！

去掉虚饰，直接说要点。

爱德华·O. 塔夫特
信息设计先驱

我们对此表示赞同，用小号字体填满PPT的做法是完全错误的。以下是使用字体的小窍门：

使用无衬线字体。字体分两种：一种是衬线字体，如 Times New Roman 字体和 Garamond 字体；另一种是无衬线字体，如 Arial 字体、Calibri 字体和 Helvetica 字体。

衬线字体看上去更加正式，无衬线字体看上去更加现代、动感和随意。而对大多数人而言，阅读简洁无复杂艺术效果的无衬线字体更加方便。

无衬线字体	衬线字体
Total Bozosity （Arial 字体）	Total Bozosity （Times New Roman 字体）

选择大号字体。一般在标题中使用 36 ~ 44 号字体，正文则用 32 号字体。另外，在一场演示中请避免使用超过两种字体。

> 找出观众席上年龄最大的听众，将他的年龄除以 2 后得到的数字，就是你 PPT 的最佳字号大小。
>
> 盖伊·川崎
> 《创业的艺术》作者

检查文字易读性。令人惊讶的是，我们总能遇见这样的演示人，他们的演示 PPT 上的字体不是小得几乎无法看清，就是太过花哨不好读。显然，你应该选择合适的字体和字号，让会议室的每个人都能看清其中内容。做个小实验吧，自己站到会议室的最后一排，试试能否不眯眼就看清PPT上的文字。

让简洁恰到好处

许多年前，在美国航天飞机"哥伦比亚"号失事后，耶鲁大学的一名视觉设计教授爱德华·O. 塔夫特，对灾难做出了让所有人都倍感惊愕的解释。

在空难发生前几周，塔夫特教授观看了美国航空向美国国家航空航天局（NASA）官员展示的演示PPT。他特别注意到其中一张PPT后，对其进行了仔细研究。他推断，这张PPT里包含了原本可以阻止这场灾难发生的重要信息，但那条信息却"被置于一张典型的混乱PPT的底部"，最终惨遭忽略。

事实证明，塔夫特教授是对的。而事件调查员也在其官方报告中写道："不难想象，一名高级管理人员会怎样阅读这样一张PPT，并错过性命攸关的重要信息。"

世界上存在太多的低效演示，它们都过于复杂、混乱。"复杂"是一场糟糕演示的最重要特征；"混乱"则是人们讨厌演示PPT的首要原因。请保持简洁，因为所有听众都希望你的演示尽可能简单。

"多年以来，人们都非常排斥别人说自己简单，"广告界传奇杰克·特劳特说，"这意味着你很蠢，容易上当，甚至低能。因此，人们都害怕自己太过简单。但是，当你试图与自己的听众建立连接时，

复杂并不是一件好事,你应该避免。"简单的基本要点包括:

- ◆ 消除视觉混乱;
- ◆ 保持文字最少;
- ◆ 有限使用动画和图片切换效果。

消除视觉混乱

每张 PPT 只阐述一个观点。除非为了强调重点,否则不要使用特殊效果。炫目的特效会让你的 PPT 变得混乱,同时模糊你的要点。如果 PPT 上必须出现一个 Z 字形箭头,请确保它最后指向的是一个非常重要的点。花哨的动画效果不见得就能够帮你吸引听众的注意。

不要让你的 PPT 变成垃圾场。一般的剪贴画非常俗气,将直接降低别人对你的印象分。因此,决不要仅为"增加趣味"而随便往上贴图。将所有的框架、网格、阴影都去掉,这些东西会让你的 PPT 变得杂乱不堪。

保持文字最少

不要在 PPT 上长篇大论。如果你想要听众们理解某个信息,就把文字变成简单的表格吧。把 PPT 上大篇幅的文字删掉,改用照片、表格、图片或其他更简洁的方式来传递这些信息。正如塔夫特所说:"好的设计能让人对数据产生绝对的关注。"

你要依靠数据来改变人们的思维,因此,你就必须把所有会让人从数据上分心的元素全部去掉。别这样:

> 年度计划流程通常从制定一个包含多个目标的年度总计划大纲开始，然后将每个目标分到各个部门，再将其细分为各个单位项目，并计划好时间节点、任务和必须在未来几个月完成的子任务。在计划流程里钻得越深，它看起来就越复杂。

要这样：

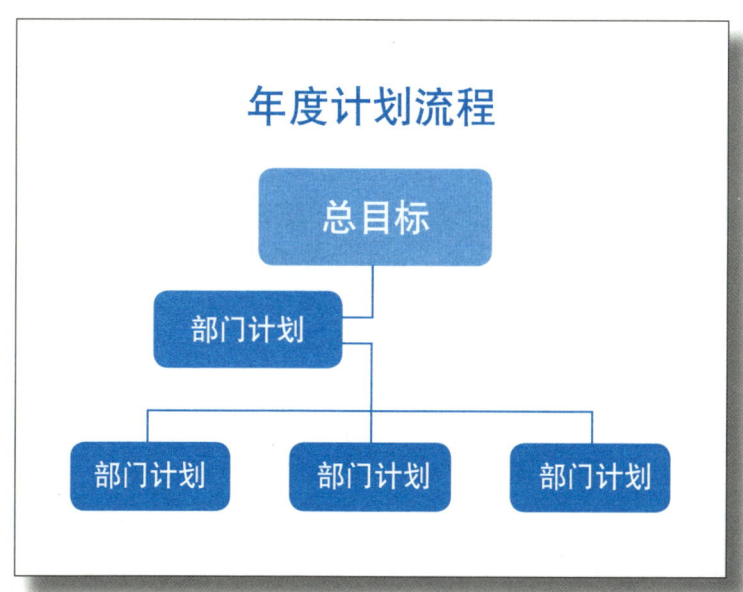

有限使用动画和图片切换效果

除非真的能帮助你阐明要点，否则不要给PPT上的文字加上动画效果，尤其不要用这样的方式来"增添趣味"。当人们正忙着理解你的信息时，那些无关紧要的动画只会成为惹人讨厌的虚饰。必要情况下，用组织结构理顺信息。不要在页面之间加上炫目的切换效果。在这个时候，无论过渡效果如何，人们都不会被它逗笑。

> 现代以PPT为导向的演示是世界上最无聊的演说之一。
>
> 马克斯·阿特金森

不要过于简单

当然，我们也要避免"过于简单"。有时候一图的确胜千言，但当你真的需要用一千个字来解释一幅图时，它就没有出现的必要了。那些需要听众额外花时间理解的东西，建议放到图表之外。

例如下页的PPT，演示人正在尝试推销一种营养品，它能提升人体血液中化合物G的含量。提升水平看上去令人印象深刻，不是吗？而且PPT也做得特别简洁！

然而，人们无法从这张图中得出任何有意义的结论，它缺少太多的关键信息。纵轴上的单位代表什么呢？毫升吗？血液中化合物G含量的安全水平是多少？正常水平又是多少？提升化合物G的含量能给人的健康带来怎样的好处？当我们为这位演示人指出这些问题时，他差点就哭了。"我为那张 PPT 花了 1 万美元！"他说。

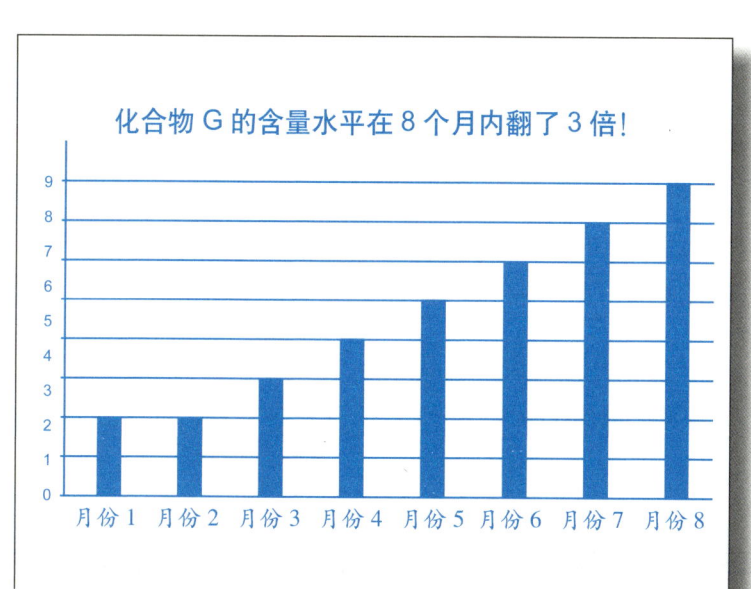

后来，他振作了一点。"或许人们根本没有注意到我的 PPT 到底缺失了什么信息。"

含大量数据的演示经常出现这种问题。当这些数据被过分简化，它们就极具误导性。而有些时候，演示人也会故意这样做。

视觉元素的任务，在于提供恰到好处的信息以转换听众的思维。不宜过多，也不能太少。

大胆使用提示卡

我们已经为听众们准备好了演示的视觉元素，现在让我们来探讨一下，演示人应该用怎样的视觉工具帮助自己的演示走上正轨，而不是眼睁睁看它变成一个 PPT 阅读会。

首先，大胆使用你手中的提示卡。它们将带给你底气，让你给他人留下严肃、认真的印象。但你要记住，自己是在和听众说话，而不是对着卡片说话。

当然，你也可以利用本书提供的演示计划表作为快速参考。你只需要在演示前填好表格，就能够快速简明地整合并理清自己要传达的信息要点；演示时你可以将计划表拿在手里，让它随时为你提供帮助。

PPT 的演示者视图是浏览提示卡和演示流程的绝佳工具。为什么我们要提前看到下一张 PPT ？因为这能帮助你保持演示的流畅度。

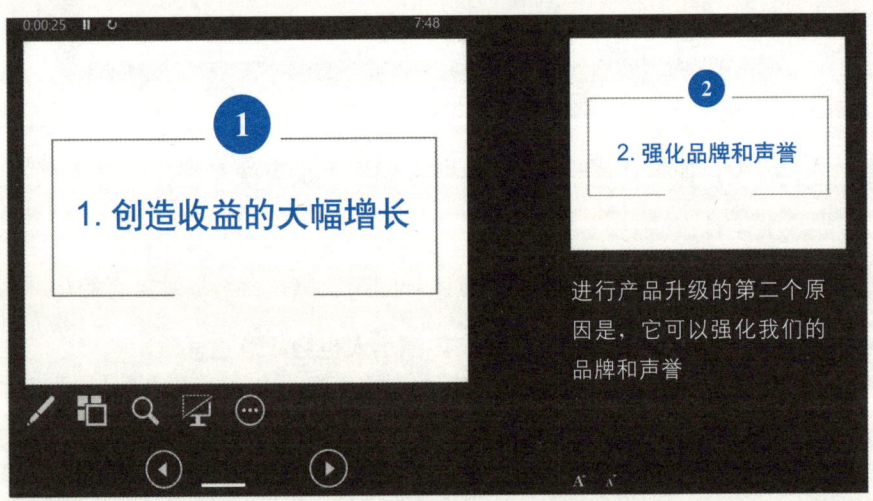

如果你的 PPT 过于简单，但你又觉得听众们需要更多的信息，那么你就可以准备一份说明材料，对自己的演示信息进行补充。就像下面这张图表，里面的信息更适合做成说明材料，而不是出现在 PPT 上。

第 3 章 / 设计具有冲击力的视觉元素

销售分析：2009 ～ 2013

我们的建议是，不要在演示开始前就将说明材料分发给听众，因为那样的话，他们就会把注意力更多地放到手里的材料上，而不是听你讲。除非说明材料非常关键，否则等到演示结束后再分发也不迟。

虚拟演示如何操纵视觉？

在网络上进行虚拟演示，你必须使用有冲击力的视觉元素，才有机会通过屏幕跟听众的手机争夺他们的视线。现场演示时，如果你没能成功吸引听众，他们可能只会坐到角落里去。然而如果你在进行网络演示时没能吸引你的听众，那么他们可能就直接走开了。

以下是在网络演示或其他虚拟演示中操作视觉元素的一些建议。

和听众进行视觉上的人际接触

◆ 在演示开始时就将网络摄像头打开，让听众们看看你。

几秒钟后把网络摄像头关掉，以免造成不必要的分心；
- 展示你的姓名和相片，和听众建立私人联系。你也可以考虑展示自己的相关认证信息；
- 穿衣打扮要配合摄像需要。尽量穿色彩柔和淡雅的衣服，因为它们在视频上的视觉效果更棒。避免穿条纹、方格或有图案的衣服；
- 确保自己的背景不存在可能让人分心的因素。

当你展示的信息条理清晰、主次分明时，人们就能更好地接受它。

理查德·迈耶
建筑师

为虚拟演示准备专门的PPT

- 进行一场虚拟演示之前，相比现场演示，你需要准备更多的PPT。在虚拟演示中，PPT就是演示本身，你要让它们一张接一张地进行下去。首要法则是，至少保证每分钟播放1～2张PPT；
- 预先准备一张说明本次演示辅助工具的PPT，这样人们就知道应该如何与你互动。无论是打电话、在线聊天还是语音交流都不成问题；
- 准备一张综述PPT，这样一来，人们对你接下来要说的内容(也就是你的3个要点)便有了大致的了解。当你讲完一个要点，欲述下一个时，再次展示你的综述PPT，人们也就不会听得晕头转向的了；

◆ 请展示一张问答环节的PPT，以提示听众演示即将进入问答环节；

◆ 添加一张结尾PPT，让听众知道演示什么时候结束。它可以是对某种行动的呼吁、一个请求，或展示你们的下一步。

在自己的平台上测试你的演示文件

◆ 确保你的PPT可以在所有屏幕上显示。为测试它的易读性，请把PPT按9张一页的方式打印到纸上。如果你看不清，说明屏幕前的听众也看不清；

◆ 如有必要，将要点信息分配到多张PPT中。考虑用图片替代这些信息；

◆ 测试所有演示PPT，看它是否在所有平台上都能显示；

◆ 不要一直缩放镜头，尤其当你在使用视频软件进行演示时，要避免动作过多的问题。

用视觉元素进行互动

◆ 偶尔使用演示平台的高亮或形状工具，以此吸引听众并让他们集中注意力；

◆ 用视觉元素带动讨论："你们在这张图里看到了什么？这张图告诉了我们什么？这条趋势线为我们带来了怎样的信息？"

⬆ 总　结

　　为了与听众建立真正的连接，你不仅需要准备大量口头信息，更要用高质量、有趣的视觉元素来支持你的演示。视觉元素带给听众的冲击力，要大于你所说的任何话语。

　　具有冲击力的视觉元素可以回答每位听众头脑里的"那又怎样"问题。视觉元素是非常主观的东西，因为每个人都有不同的品味和需求。

　　你也许会说，"我讨厌使用大量的图片"，那就用各种背景颜色和图形替换它们吧。如果你担心大量的图片会让文件变得非常庞大，那么就在传输前先将其压缩，或通过文件共享服务进行传输。又或者在演示中，你需要为你的听众提供表格数据，那就请把这些表格放到说明文档里。认真遵循本章提供的设计指导，你就可以为你的听众提供一场高效的演示。

　　好的设计就是好的服务。归根结底，你的任务就是服务好你的听众。你需要把适当的信息带给他们，转变他们的思维（知道），并激励他们（感觉）改变自己的行为（行动）。

　　之前，你已经按照各种原则，为人们准备好了可供他们学习研究和谨记的大量信息。现在，你又特别添加具有冲击力、设计精良而内容简洁的视觉元素来支持自己的演示。接下来，让我们一起探讨最后一步：如何出色地传递所有信息。

> >> **实践想法**

从你的演示计划表中选择一个要点,然后用视觉元素来支持这个要点,并由此进行情绪感染。

◆ 与一个人、一条宠物狗或一堵墙进行互动,用视觉元素解释你的要点。

◆ 进展如何?你能让视觉元素更有冲击力吗?你能把它设计得更好或者更简洁吗?

◆ 再次尝试,用新的视觉元素解释你的要点。

◆ 进展如何?你注意到两次的不同了吗?

◆ 设计更多的视觉元素来支持其他要点,然后对此进行重复练习,直到你满意为止。

◆ 按以下标准评估你的视觉元素冲击力:

☐ 使用与主题相关的图片

☐ 提供多样化的视觉元素

☐ 使用高质量图片

☐ 贯彻一个视觉主题

☐ 用色彩增添趣味性

☐ 用心设计字体

☐ 消除视觉混乱

☐ 保持文字最少

☐ 减少结构和过渡

PRESENTATION ADVANTAGE
专家解读

别让 PPT 毁了你

PPT 的全称为 PowerPoint，原意是指有力的要点或观点，而现在却变成了一个变体的 Word 文档或 Excel 表格，令人不禁心生厌倦。

很多职场人士是这样做 PPT 的：在 Word 文档中找到相关的文字段落，选中内容，拷贝，打开 PPT，粘贴，稍微调整一下文字的大小以适应篇幅，或者直接插入一张密密麻麻的表格，一份 PPT 就顺利"炮制"完成了。听众本已疲惫的大脑，不得不经受信息的多次轰炸。

同时，因为 PPT 上充斥着大量的文字和数据，在演示中，你会不自觉地逐字逐句念出，这么一来，你就成了"PPT 解说员"。本来只是作为视觉辅助工具的 PPT，竟一跃成为你的主人。几位听众实在没有兴趣听你的 PPT 宣读会，于是谎称有其他急事，让你事后用 Email 把 PPT 发给他们。其实他们是在说："我自己会读，要你干嘛？"

真正有价值的 PPT，是从繁复的文字中提炼出有力的要点，以数据直观展示你的发现，而这些都需要你的思考和设计加工。

第 4 章
临场：高效演示中的高效互动

Presentation Advantage
How to Inform and Persuade Any Audience

人们大约只需 39 毫秒就能形成对某人的第一印象，"杏仁核劫持"随即发生。演示人要如何掌控听众的第一印象，在 39 毫秒内获得演示优势？

世界许多知名演讲人终身都在与怯场作斗争。你要如何处理压力带来的怯场问题，让自己进入"最佳压力区"，将演示发挥到极致？

人人都爱订单经理奇普。

没错,他的大嗓门和如火般的热情有时候确实让人难以接受,但大家还是非常欣赏他对于生活的积极乐观的心态。他甚至能够感染你,让你也和他一样,关心起库存和供应链来。

营销主管阿米塔也是一个备受人们喜爱和尊重的人,但她的性格正好和奇普相反。她安静内省,喜欢沉思,为人诚实正直,而且工作能力又强,说起话来总还带有一点小小的幽默感。

尽管他们如此不同,但奇普和阿米塔都是出色的演示人。当奇普站在台上滔滔不绝时,他会用自己的能量打动你;而当阿米塔站在台上侃侃而谈时,她的真实又会给你留下深刻印象,从而成功与你建立连接。

很多人认为,因为某些性格原因,自己永远无法成为优秀的演示人。确实,一个过分害羞内向、容易高度紧张的人很难在一堆外向演示人中脱颖而出,将自己的信息成功传达出去。你或许会说:"我太紧张了,我承受不了那么多人的目光,我的大脑一片空白。"

但事实上，无论是在一对一的情况下，还是只身面对一百号听众，内向者往往都是最具说服力的群体。

或许你缺少奇普那样的自信，没办法像他一样享受站到台上的感觉，但这并不代表你就无法出色地传递信息，而这也正是在演示时与听众建立连接的第三个要求。你无须摇身一变，成为一个舌灿莲花、亲切文雅的演讲人。每个人都有不同风格，你当然也不例外。

暂且抛开风格问题，如果听众觉得你在台上的形象与你的言语并不统一，那么你对信息的传递就远达不到这个标准。你要将自己的肢体语言、语调和所说的话语匹配起来，这就是所谓的"保持一致原则"。图 4.1 中的这个女人，给了你怎样的第一印象？

图 4.1　言表不一

很显然，图中这个女人正不知所措，但她的言语与其肢体语言却同时表达着完全相反的意思。像她这样的情况，就是我们所说的"偏离了自己的信息"。

现在你已经非常努力地打造出了强有力的信息，也精心设计了

第 4 章 / 临场：高效演示中的高效互动

极具冲击力的视觉元素，那么，如果你仅因为自己的形象偏离了所要传达的信息而与听众失去连接，那就太令人遗憾了。

做你自己，但要谨慎。

莉萨·罗什

以下准则将告诉你，如何与自己的信息保持一致，并牢牢吸引听众的注意：

- ◆ 掌控"第一印象和后续印象"；
- ◆ 高效传达视觉信息；
- ◆ 管理好良性和恶性压力；
- ◆ 高效处理问题并掌握群体动态。

高效演示者的"手眼身法步"

别人对你的第一印象将始终伴随着你。如果你给他们留下了不好的第一印象，那么想要实现逆转将会非常的困难。人们大约只需 39 毫秒的时间就能形成对某个人的第一印象，因为我们的大脑早已进化出了能在瞬间发现危险的敏锐嗅觉。就在你进入听众视线的那一瞬间，他们就会开始对你进行评估。

这时，你就陷入了脑科学家们所谓的"杏仁核劫持"。杏仁核是人类大脑的一部分，但它并不会思考，只会对新事物做出情绪反应。

仅在几毫秒的时间内，你的听众就能形成对你的第一印象，并判断你是敌是友。

你无法阻止"杏仁核劫持"的发生。当你走上台开始演示，听众就会在见到你的瞬间接收到杏仁核释放的信号。而如果你留给他们的第一印象是负面的，那么这就意味着，你从一开始就必须逆风行动。他们的大脑会分析你所释放的微妙信号，然后决定是要跟上你的演示，还是开启屏蔽模式。

> 学会说出自己的感受，并按照自己所说的去做。
>
> 赛巴巴
> 印度教灵性大师

其实你也可以扭转局势，想办法利用"杏仁核劫持"，而不是由着它妨碍你的演示。我的意思是，你要尽可能将自己的肢体语言、声音语调和所要传达的信息联合统一起来，给他人留下良好的第一印象。以下是我的建议：

- ◆ 穿着得体，让自己看起来更专业；
- ◆ 和听众进行目光接触；
- ◆ 让听众从你的脸上看到能量和热情；
- ◆ 利用手部动作，让自己传递的信息更有说服力；
- ◆ 利用肢体语言辅助信息的传递；

◆ 确保你的声音能与台下所有人建立连接。

专业的外表

你的衣着、仪表，甚至古怪的纹身，都会在你张口之前影响听众对你的第一印象。因此，你至少要保证自己穿得干净整洁，比听众的稍微好一些，并始终保持抬头挺胸，精神饱满。这一切都是为了与听众建立连接。

这并不意味着你一定要西装革履地进行演示，但如果你就穿着牛仔裤和运动鞋与听众交流，看上去也未免太过随意了。过于随意的衣着将直接导致你无法和听众建立连接，让你的信息从一开始就失去可信度。

检查一下自己的衣着、发型以及脸上的妆容是否让自己看起来整洁大方。另外，请卸下那些低品位的首饰。如果你觉得自己的听众当中不会出现戴鼻环的人，那么你也应该把自己的鼻环留在家里。

> 我不介意开玩笑，但不希望自己看上去像个玩笑。
>
> 玛丽莲·梦露
> 好莱坞著名演员

同理，请你考虑一下当台下的听众看到演示人身上的纹身时，会对他本人以及他的演示产生怎样的第一印象。年轻人或许会把纹身当做创造力的标志，但上了年纪的人却很可能会把它和监狱联系起来。想象一下你的听众会穿什么样的衣服，然后尽量让自己在衣着上看起来与他们更加和谐。如果你无法提前预料听众的穿衣风格，就开口问问吧。

然而，无论你穿什么，体态问题照样能搞砸一切。就算你穿着漂亮的套装，挽着高贵的发髻，踩着精美的高跟鞋，你也不能在台上弯着腰驼着背进行演示。这样的体态会让你看上去悲伤而渺小，给听众们留下不好的第一印象。

为此，你可以找一面墙并背墙而立，让高跟鞋的后跟抵住墙根，然后向后打开双臂，直到肩膀也碰得到墙面。尽量收腹，让你的后腰与墙面接触。最后保持这个姿势，离开墙体。这才是理想的演示体态。你觉得自己的背上黏了一根棍子？很好。通过这种方式，你很快就能拥有正确的演示体态了。坚持贴墙，强化自己的背部肌肉，你就会发现自己站着的时候更高了一些，而且还能和听众建立连接了。

图 4.2　理想的演示体态

你是否亲眼见过这种场面:演示人的外表削弱了他和听众建立连接的能力。仔细回想一下你当时的感受。他们的外表是否导致你无法投入地参与到他们的演示当中?这会影响他们在你心目中的可信度吗?

再来思考一下在网络演示中你的虚拟形象如何?就像我们之前所说的,你应该用网络摄像头和听众进行"人性化接触"。和他们进行虚拟互动,就好像你正在做的是一场面对面的现场演示一样。当然,绝对不要让你穿着的睡衣形象出现在镜头中。

你还需要做些什么呢?

自信的目光接触

对于习惯逃避目光接触的人而言,这确实有点强人所难,但目光接触能够创造即时的情绪连接。如果你准备得不够充分,一直忙于看提示卡、手机或者 PPT 的话,你就无法和听众进行目光接触。神经学家埃琳·福尔克纳说:"一般情况下,目光接触都被认作是自信的表现,是情感连接的一种手段。"

好的目光接触就像是你和听众"情绪上的握手"。你的眼睛比身体任何其他部位的动作都要快得多,它们每秒能转 900 度,而这可能对你产生不利影响。

如果你总是目光闪烁、频繁转移视线,人们就会觉得你看上去特别紧张。为此,你应该学习如何目光坚定地与他人进行持续几秒钟的眼神接触。但要注意的是,这段接触时间不宜超过 3 秒,因为时间太长反而会让对方感到紧张。

面对文化差异,并不存在什么放诸四海皆准的目光接触法则。

比如对于亚洲人来说，5秒的目光接触已经太长。但在西方，缺少充分的目光接触会让你看上去很不安，人们也会因此把你当成狡诈的人。你可以想象一下，如果餐厅服务员躲避你的眼神，你会作何感想。因此，在进行目光接触前请考虑文化因素。另外，当听众对你的演示进行评论，或提出相关问题时，请你看着他们，否则他们会以为你对此不感兴趣，或者想逃避问题。

所谓"社交技能培训"中的最关键因素之一，就是恰到好处的目光接触次数。太少显得害羞、笨拙，太多则显得无礼。

格伦·威尔逊
《爱情为什么不能持久》作者

有趣的是，良好的目光接触有时也可以充当情绪兴奋剂。当你站在台上时，也许你会发现，自己已和台下的一两个人完全建立起了连接。你看到他们放光的眼睛在盯着你，而这会给你带来能量，让你感觉自己正在做一项了不起的事业。但是，别忘了你也可能因此忽略了其他听众。如果你只和两个人建立连接，这就表示你和其余所有人都断开了连接。

有时候，台下可能坐着很多听众。我们也许一不小心就忽略了左边的部分，把注意力全放到右边的听众身上。而左边的听众或许也不会有意识地思考，"他为什么不看我这边？"但这时候，你和他们在潜意识层面上已经断开了连接。

不妨设想一下，当你走进一间坐满人的房间，没人和你打招呼，甚至都没人注意到你，你会有怎样的感受？如果你不与自己的听众眼神接触，听众们也会有同样的感受。

对于网络演示人来说，通过摄像头与听众进行目光接触也是至关重要的。不要一味地把自己的头埋在手里的提示卡中，也不要只盯着屏幕看，记得在演示过程中时不时看一眼摄像头。如果你总盯着电脑屏幕看，听众通过视频见到的只能是一直低着头的你，而你也就无法与之建立连接。

有表现力的表情

注意自己的表情。你流露出怎样的表情，听众就会将怎样的表情反馈给你。

你可以轻易地分辨出听众们是否在专心听讲，因为专心听讲的人就是你表情的镜子。你睁大眼睛时，他们也会睁大眼睛；你微笑，他们也会报以笑容。由于镜像神经元的存在，大脑会与视觉对象建立连接并对其进行模仿。镜像神经元是一种特殊的脑细胞。当我们做某一动作，又看到别人进行同样的动作时就会产生相同的反应。

这和文化差异没有多大关系。无论你在哪个国家进行演示，听众们一般都能理解你的表情。研究表明，人与人的表情和目光接触时长不同，而且无论对哪个国家的人来说都是如此。各种独立情绪，包括气愤、轻蔑、鄙夷、恐惧、快乐、遗憾或是惊奇，都能通过表情反映出来。无论文化、种族、性别、年龄或是宗教存在怎样的差异，全世界的人都会对同样的情绪做出同样的表情，同时也都能理解别人的表情。

因为负责作出表情的肌肉组织，直接与大脑中管理无意识基本人体活动的皮质下区域相连接，所以，无论你在荷兰还是河南，你的表情都能表达同样的东西（见图4.3）。

如果你看上去很悲伤，听众立马就会在自己意识不到的情况下，与你产生同样的感受。当你很紧张的时候，他们也会不自觉地紧张起来。

总之，听众会复制你的情绪和情感。

图4.3　通用表情

这就是你一定要和自己的信息建立连接的根本原因。

你必须坚信，达成演示目的将起到巨大作用。如果你对自己的信息缺乏热情，并未与之建立连接，那么这个事实也将反映到你的脸上。而当你的脸上流露出一点漠不关心、悲伤或者紧张的情绪时，会发生什么呢？非常遗憾，你会不自觉地将这种情绪传染给观众，演示也就无法达到预期效果。

绝大多数的听众都能感觉到你的情绪是真是假。

心理学家这样区分真笑和假笑:"眉毛和上眼睑之间的皮肤如果轻微地向下移动就是真笑,否则就是礼貌性的笑容或者假笑。"如果你发自内心地相信自己将要传达给听众的信息,那么你的笑容就一定是真的。

一张好脸,就是一封推荐信。

亨利·菲尔丁
小说家、戏剧家

有时候客户会向我们反映,他们并不十分相信自己的演示内容,因为其中的信息都是他们的上级强压下来的。

这是一个很棘手的问题。有时候你的确会因此感到非常痛苦,但就算你不喜欢这项工作,你也必须完成。那么,在这样的演示中,你要怎样表现出真诚呢?

深入观察你和演示信息之间的联系。你能通过和信息提供者进行换位思考,理解背后的原因吗?你能以最佳工作状态,付出最大的努力推动工作,力求取得最好的结果吗?

我们的一名顾问曾和一家瑞典公司合作,那家公司里的人不喜欢使用肢体语言。他们认为,刻意设计自己的姿势和表情是一种表演和伪装。

"我们要的是真诚,"他们说,"我们不想成为舞台上的演员。对某件事情不感兴趣时,我们不屑于刻意假装。"

那位顾问不知道该如何应对这种情况。一方面，他认为对方的顾虑非常幼稚；另一方面，他又不想教任何人虚伪。因此，这件事情让他陷入沉思。有一次，他走进一家商店买衬衫，发现接待他的女售货员明显不喜欢这份工作。她用长发遮住大半边脸，说话时嗓音低沉到几乎难以听清，还懒洋洋地倚在墙上并不时大声叹气，隔几秒就低头看看手机，毫不掩饰自己的不耐烦。

我们的顾问瞬间明白，自己应该怎样答复他的客户了。

"没错，那名销售员很真实地表达了对本职工作的厌恶，但她也违反了良好服务的原则。且不说她是一名售货员，即使她只是一个普通人，也应该礼貌、亲切地对待他人，对他人的需求展现出真正的关心。

"好的演示就是好的服务，你的听众就是你的顾客。你认为自己应该怎样服务他们？礼貌、专注，真正关心他们的需求？还是展现出你冷漠的一面？你真的认为表达自己的不满情绪，比服务好顾客、满足顾客需求更加重要吗？如果答案是否定的，那你又怎么能说在演示中为他人提供良好服务的人是骗子呢？"

不要只忙着将自己的脸打扮得漂亮、诱人、魅力四射。相反，你更应该让自己看上去目标明确、充满激情、干劲十足。

伊斯雷摩尔·艾伊威
《年轻成就者的灵感》作者

想象一下自己仍在享受上一个假期，然后向他人进行描述。你只需发挥想象力，跟着内心的感受走。在向别人描述的过程中，你的嗓音听起来情感丰富吗？你会用手势来形容自己滑雪时的那座山峰有多壮丽吗？你是否感到特别兴奋？你会一边说话，一边手舞足蹈吗？当你和自己的信息连接得越紧密，你的表达就越富激情，表情就越坚定，而你的肢体语言和声音语调就越自然。

只有在你没有和自己的信息建立连接，并且认为不需要好好服务听众的情况下，你才会让人觉得虚假。如果你对自己的听众没有热情，又不相信自己将要表述的信息，那么你肯定就是在表演。就像前文所讲到的，你一定要时刻寻找机会，让自己要传递的信息与公司的任务及愿景连接起来。这在提升演示激情方面对你大有帮助，它将赋予你足够的感染力和信心。

如果你觉得心里没底，那就先对着一面镜子或一个摄像头练习一下，练习如何表达你对听众的关心，让你的表情和目光传递你的感受。

这种人与人之间的接触，能够让人更加信任你，包括你向他们传递的信息。

你的脸，会透露出包括性格在内的一些信息。正如前文所说，可信度是由内而外散发的。如果你在演示中实话实说、表达坦率，敢于公开进程，又对自己的演示主题了如指掌，听众自然会信任你。因为你自始至终都在展现自己的真诚。

意义深远的手势

很多时候我们发现，自然的姿态可能并不是将信息传递给观众的最佳途径。让我们来讨论以下几种站姿。为什么这几种站姿都不太适合演示？

图 4.4　不适合演示的站姿

或许你是因为寒冷而抱起手臂，但听众们却会从中解读出不同的信息：抱着手臂的人，要么是因为不自然，要么是因为太过随意；或许你是为了避免在台上有过多的手势而将手放在身后，但这会让人误以为你有什么要隐藏；而将双手叠在身前，又会让你看上去脆弱、紧张。

在正式开始演示前，问问自己：你和别人谈论自己假期时是什么样子？你说话的同时伴随着怎样的手势？那些手势对你和他人交流有所帮助吗？

如果你认为自己准备的演示信息非常有价值，迫不及待地想要与听众分享，那么你的紧张情绪自然会减弱，而且你还会不由自主地用手势辅助表达。通常情况下你不会意识到自己的手势，但请确保那样做有助于信息的传达，而不是让听众分心。

有时候，一些演示人会觉得自己在台上有些"手舞足蹈得过头了"。或许他们天生就是激情满满的人，而这对演示而言，绝对是个很大的加分项。

站姿演示

以下是关于站姿演示的一些建议：

- ◆ 站立时将手垂放在身体两侧，同时保持双肘稍抬不贴身，双脚打开与肩同宽。这是一种非常自然、平衡的姿势。
- ◆ 用开放的手势将情绪和观点辐射出去。
- ◆ 向听众做手势时，请保持手掌打开，手心朝上。为什么？因为手掌摊开表示欢迎或希望被接受，而在大多数文化中，双手握紧都代表负面信号。
- ◆ 用象征性手势传递数字信息。如果你要陈述 3 个要点，就伸出 3 个指头来。但请注意，不要把手指指向听众。
- ◆ 手势多样化。如果你一般都用右手来做手势，那么演示的时候，也请记得换换左手。

最佳默认手势是把一只手放到身侧或身前，另一只手拿着遥控器控制 PPT。确保你的手势自然且能与演示信息建立连接。

坐姿演示

以下是关于坐姿演示的一些建议:

◆ 坐在椅子的前半部分,双脚自然打开,稳定你的姿势。
◆ 双手自然地放在桌面,时不时用手势来强调你的要点。
◆ 下颌微微抬起,保持微笑。在整个演示过程中,用目光与在座的每个人保持连接。
◆ 在举例或提问时使用听众的名字。这能帮你重新吸引他们的注意力,同时实现更多的眼神交流。
◆ 回答问题时,不要只盯着提问者。给出答案时,要和每个人进行目光接触。
◆ 注意声音的传递,包括音调和音量的变化等,尤其当你的听众在专心看说明材料或PPT时。必要时用停顿来表示强调。
◆ 不要把手放到桌子底下,也不要抱住胳膊或支着肘,甚至把下巴放到手背上休息。

餐时演示

如果你需要在人们进餐的时候进行演示,请记住以下关键点:

◆ 你们的用餐环境不免嘈杂,你需要保持声音洪亮、情绪饱满,这样,你才有可能引起听众的注意,成功传递信息。
◆ 突出表现自己的能力,同时确保信息条理清晰,富有

第 4 章 / 临场：高效演示中的高效互动

吸引力。你会惊奇地发现，人们悄悄地放下了自己的刀叉，因为他们的大脑选择了你。

即使你是在人们吃快餐的时间进行演示，大家都围坐在一起边吃边聊，作为演示人的你，依然要注意以上建议。

即使你要做的只是网络演示，甚至是在线说几句，也不要忽略手势的重要性。就算有时候听众看不见你，你依然要用手势来带动自己的情绪，因为这种情绪会自动进入你的声音，感染听众。

有目的的移动

我们的一位顾问讲过这样一个故事：

"我客户公司的员工都迫不及待地想见见新 CEO。他们都听说了那个人是一名金融专家，具有相当厉害的会计背景。他在进行自我介绍和第一次演讲时，看上去非常自信帅气，一开始便给大家留下了非常好的第一印象。

所谓"社交技能培训"中的最关键因素之一，就是恰到好处的目光接触次数。太少显得害羞、笨拙，太多则显得无礼。

格伦·威尔逊
《爱情为什么不能持久》作者

"但接下来，奇怪的事情发生了。他先移动左脚，然后是右脚，接着又移动了左脚。这个移动模式一直持续着，就好像用脚在地上走三角形，或者听着无声音乐跳快速华尔兹一样，一、二、三，一、二、三……最后，在场的所有听众都变得精神恍惚。没人在听他的演讲，因为他紧张的"舞步"太引人注目。后来，那位CEO只待了6个月就离职了，因为他刚上任就失去了整个公司的信任。"

紧张的情绪会让人不安多动，或像那位可怜的CEO一样，掉进某种无意识的循环移动中。相反地，有目的的移动却可以牢牢吸引听众的目光和注意。

你是否也见过别人在台上走来走去，让你感觉自己在看一场网球比赛？当台上的演示人不停地踱步、掰手、抓耳挠腮或拉扯衣角时，你还能集中注意力吗？

> 服务不是你所做的某件事，而是你本人。
>
> 斯特拉·佩顿

再次强调，要和听众建立连接，必先赢得他们的信任。如果在这个过程当中出现纰漏，你将失去自己和听众的连接。那么，你的移动可以对演示起到怎样的帮助呢？答案是：如果你的移动带有目的性，它就能帮助听众保持专注；靠近你的听众（但请不要太近），他们就能更好地与你建立连接；走到不同的听众前面，不要一直站在同一个人身前，否则别人会下意识地认为你不是在为大家服务，而是只为"那边那个人"服务。

台上的移动会对你产生怎样的帮助？事实上，它能缓解你的紧张情绪，让你和听众更好地建立连接。

不建议做的移动动作

在你移动时，注意别犯以下错误。对你而言，哪一点较难做到？

- 勉强走上台。上台时表现出来的一丁点害怕，都会毁了听众对你的第一印象；
- 站在桌子或讲台后面。桌子或讲台都是人际连接的障碍物，在情况允许的情况下，第一时间丢开它们；
- 入侵听众的空间。这里存在着些许文化差异：以美国为例，当你与听众之间的距离不足45厘米时，对方就会感到紧张；
- 摇晃身体。这只会让听众感到晕头转向；
- 来回踱步。这是紧张的信号；
- 在同一个地方待太长时间。听众的注意力会因此下降，你需要通过移动重新吸引听众的目光和注意。

建议做的移动动作

以下是关于你在台上移动提出的一些建议：

- 以轻快的脚步走上台，并对听众保持微笑。展示你的自信，哪怕你实际上有些紧张；
- 扫除你和听众之间的障碍。哪怕台上有讲台，也请你站到旁边，而不是它的后面；

- ◆ 与听众保持适当的距离。具体多远，视不同文化而定。因此，在演示前你需要对自己的听众有一定的了解；
- ◆ 站立时将双脚打开，保持与肩同宽；
- ◆ 双脚站稳，保持平衡；
- ◆ 站定说几句再移动；
- ◆ 把移动作为抛出新要点或主题的信号；
- ◆ 如果你发现某个听众分了心，那么再向他靠近一点。

最应该谨记的关键点是，你的移动一定要带有目的性。如果你准备了3个要点，那么你可以在台上不同的3个位置进行阐述。而当你要描述两个观点的差异时，可以先站到一边说"一方面"，然后再走到另一边说"另一方面"。在结束演示时，回到讲台中间说结束语。

在网络演示中，移动也非常重要。但在这里，你需要把"移动"变成"行动"。你可以通过调查、投票、互动白板吸引听众的注意。此外，适当的移动还能帮助你更好地推动演示或对话，所以，当你做网络演示时，请时不时站起来。可以的话，离开你的键盘，站起来走动走动，让你的血液流动，激情高涨。

声音清晰

你的声音会透露出你对演示信息的激情，并吸引听众的注意。以下是需要注意的5点：

1. 音量
2. 停顿

3. 音调

4. 语速

5. 发音

音 量

注意音量,确保演示现场所有人都能清晰地听到你的声音。开口前先缓慢地深吸一口气,以保证气息足以让你嘹亮发声。尝试把你的声音投向房间另一头的人,想象他们正在接你扔过去的球。这就是你演示时的声音。对你而言,自己的声音可能大了一点,但对听众来说则不然。即使拿着话筒,也请你注意自己的音量。

在无话可说时保持沉默;当真正的激情打动你时,慷慨激昂地说出所有。

D.H. 劳伦斯
《查泰莱夫人的情人》作者

停 顿

有时无声胜有声。不要害怕沉默,话语间的停顿也许更能引起听众的注意,给听众留出思考的时间。大多数人都不善于利用停顿,让听众消化信息。有时候,停顿也可以起到强调的作用。因此在抛出重要信息后,可以通过停顿来强调它。

许多演示人都栽在了"有声停顿"上,他们不停地说"呃""就像""你知道""然后",一次又一次地重复这些无意义的字眼。出现少许有声停顿无伤大雅，但如果一直这样肯定很招人烦。大脑只是在运用这些语言停顿来掩护自己的临时思考。避免这种情况发生的最好办法就是，一直和你的信息保持紧密联系。另外你也可以练习在大脑寻词摘句时进行无声停顿，这样一来，人们就不会把你当成菜鸟，而会觉得你很有意思。

> 请在陈述某个要点的之前和之后都暂停一下，安静地站一会。人们会在这个时候思考你刚说过的话，于是你的信息就得到了完全的理解。
>
> 安德里·塞尼夫
> 《脱口而出，妙语连珠》作者

音 调

你的声音应该有音调上的变化。单调的声音会让人昏昏欲睡。练习你的说话技巧，想象自己在和一群朋友讲一个恐怖的故事，你就会发现自己的声音发生了自然的变化。如果你习惯"升调发言"，你的每句话在结束时听起来都像在提问，那么你就要试着改变了，否则你会因此给听众留下缺乏自信的印象。

语 速

你的语速应该稍快于你的日常交谈。别说得太慢，否则你等于把听众的注意力拱手让给了他们的手机。稍微加点速，能更好地吸引听众的注意。但凡事都有个度，语速太快的人也会失去听众，这一点同样与文化差异有关。如果你是一个快嘴快舌的纽约人,当你对着一群慢悠悠的美国南方人演示时,你就应该有意识地将语速放慢。反过来也是一样。如果是美国南方人为一群纽约客演示,语速就应该加快一些。这并不是要你模仿他人,而是要为双方的连接打好共同基础。

发 音

咬字务必清晰。如果你平常说话含糊,或习惯将好几个词一语带过,请进行逐词发音练习。你可以想象自己正在尝试让马路对面的一个人听清你的话语。"咀嚼"你的字词,就好像咀嚼食物一样。特别是在网络演示中,你的声音就是你的头号武器。想象自己在网络演示时,不是对着屏幕前的听众声情并茂地演讲,而是对着麦克风,用低沉单调的嗓音喃喃自语,将会是怎样的一场灾难。有时候,你的声音是吸引听众的唯一途径。

发音对网络演示更加重要。请确保自己的麦克风或网络电话功能良好,以免在传声环节出现故障。用你的声音和全世界的人亲密接触吧。另外,你的母语未必是你听众的第一语言,所以请加倍注意你的单词发音。避免使用生僻词,尤其是方言或俗语。慎用带有方言性质的成语和俚语,否则你一不小心就会和听众断开连接。

一切的关键都在于创造良好的第一印象,并保持下去。如果你本人的语言表达能力很糟糕,那么即使你准备了强有力的信息,视觉元素也设计得非常巧妙,这场演示还是很可能会功亏一篑。认真练习以上5个要点,你将出色地完成演示任务。

现在,掌握了这些原则的你就能在演示中给人留下完美印象了吧?

当然,世界上还从未出现过同时掌握以上全部原则之人。就算有人天生就懂得这些，他们的演示信息也未能强大到足以获得演示优势。无论你是否真的每隔 3 秒就和听众进行目光接触，真正在演示中发生作用的，是你的激情。

把周边细节做到极致

你已经设计了冲击力十足的视觉元素，那么现在你要想办法出色地将它们展示出来，而这其中的传递方式大有学问！听一场典型的商业演示是怎样一种体验？听众们经常会产生这样的心理活动：

- ◆ "他忘记自己把遥控放哪儿了。很好，他找到了。"
- ◆ "遥控失灵了。"
- ◆ "他忘记把传感器插到笔记本上。现在遥控有用了。"
- ◆ "什么鬼？怎么蓝屏了？"
- ◆ "哦不，文件未找到（如图 4.5）。糟了。"

图 4.5　可能遇到的设备问题

第 4 章 / 临场：高效演示中的高效互动

你应该在正式演示前就完成高效传递视觉元素的准备工作，避免所有可能出现的技术故障，否则它们将毁掉你的演示开场。仔细想想，自己在演示开始前、演示中、演示结束后应该做些什么。

演示前

所有飞行员在飞机起飞前都会对飞机作一次例行检查，确保一切部件运转正常。作为演示人，你也需要例行检查，尽量规避风险。如有可能，请按照以下建议仔细检查一遍。

使用正确的辅助工具

- 用遥控器控制 PPT 前后翻页；
- 使用 PPT 演示者视图，这样你就能看见自己的提示卡；
- 避免使用激光笔。激光笔射出的亮点很难看清，而且晃动得太厉害；
- 网络演示时，你可以准备一台备用电脑，以防万一。确保你的头戴耳机和麦克风质量良好。

学习技术知识

- 学习如何调整笔记本电脑的分辨率，让它和投影仪保持一致；
- 学习基本的检修知识以应付简单的设备故障。比如更换投影仪灯泡，检查线路连接，设置话筒音量等；
- 和技术人员交朋友，并记下他们的电话；
- 网络演示时，尽可能透彻地了解你的演示平台。学会各种功能的操作，比如聊天、投票、调查等。

提早到场，设置并检测设备

- 用遥控器和扬声器，对演示的视听内容做一次测试；
- 站在会场的各个地方，确保每一处的听众都能清晰地看到PPT并听到声音；
- 找到会场的电灯开关，把它们关掉试试；
- 记住，哪怕现在设备样样都灵，它们在演示中也不一定能做到绝对给力。请在演示时保持警觉，并保证你的技术支持人员始终在场；
- 网络演示前，对演示平台的各项功能进行一次测试。请人提前接入，并帮你检查视频和音频信号是否良好。

做好备份

- 在电脑上拷贝一份演示文件的复件；
- 在U盘上存一份备份文件，万一你的电脑出故障，你还可以用另外一台电脑来做演示；
- 做好在没有视觉元素辅助的情况下进行演示的准备；
- 网络演示时，准备好备用设备，以防原有设备失灵。

演示中

演示正式开始后，听众们的思维活动很可能是这样的：

- "我瞧不见，他挡住我了。"
- "如果他能让每张PPT停留的时间再长一点就好了，我还没来得及看懂呢。"
- "他放错 PPT 了。"
- "我还是读说明材料吧。"
- "他为什么让那张 PPT 停留这么长的时间？他早就说完上面的内容了。"
- "会场现在的灯光很舒服，我先打个盹儿吧……"

以下是帮助你避免这些情况发生的建议：

帮助听众更好地视听

- 避免挡住投影仪的投影；
- 如有可能，将投影幕布倾斜 45 度，这样听众就能更好地观看了；
- 可以的话，请勿关灯。听众容易在昏暗的环境中睡去。

说话时把目光移向听众，而不是一直盯着你的 PPT

- 确认视觉元素可以良好地呈现之后，再转过身对你的听众说话；
- 在提及视觉元素时，可以用手指向它，但目光始终要和听众保持接触；
- 网络演示时，时不时看看摄像头，不要只盯着屏幕。

避免语言信息和视觉元素发生冲突

- 在你开口前，让听众先消化一下 PPT 上的内容；

- 每次展示一个要点；
- 讲完之后，立即撤走相关视觉元素。

使用 PPT 快捷方式

- 按 F5 开始演示 PPT；
- 在幻灯片播放模式下，输入 PPT 序号调出特定的 PPT；
- 按 B 显示黑色背景；按 W 显示白色背景。

说明材料

我们来做一次判断正误的小测验：

1. 你应该在演示开始时分发说明材料。
2. 你应该在演示开始时向听众分发 PPT 打印材料。
3. 你应该在演示结束后分发说明材料。
4. 你应该将独立的详细数据资料打印为说明材料。

答案：

1. 错。这样做会让与会人员把注意力放到说明材料上，这样他们就不会认真听你的演示。

2. 错。如果只需阅读你的 PPT，那他们为何还要来参加你的演示？你才是演示的主角，别让你准备的视觉元素喧宾夺主。你可以在演示结束后将 PPT 发送到听众的邮箱。

3. 正确。说明材料最好在演示结束后分发。对你演示感兴趣的与会人员，会想在演示结束后通过说明材料得到更详细的信息。

4. 正确。有些听众希望阅读与演示相关的数据或研究支持,请在说明材料中准备好这些信息。

为此,请精心准备你的说明材料。以下是相关建议:

◆ 不要把你的PPT打印成说明材料。一般的PPT是无法脱离演示人而独立起效的。
◆ 在说明材料上插入备注页,并以视图的方式打印出来。
◆ 不要在演示时分发说明材料,它会分散听众的注意力。

在这一行干得越久,我就越发觉得 PPT 是语言沟通的最大障碍。

马克斯·阿特金森

最佳压力区:怯场也有奇效

在演示时你会感到紧张吗?有很多人总是说,自己宁愿被千刀万剐,也不想当众演讲。恐怕我们之中有四分之三的人都患有"发言恐惧症",对进行公开演说感到过分畏惧。可是你喜欢这样的自己吗?

怯场是一个普遍存在的问题,但每个人的怯场反应各不相同。你的怯场反应是怎么样的?出汗、手抖、胃痉挛、脸色苍白或通红、呼吸困难、思维阻隔、膝盖发软?大多数人会出现其中的几种反应,

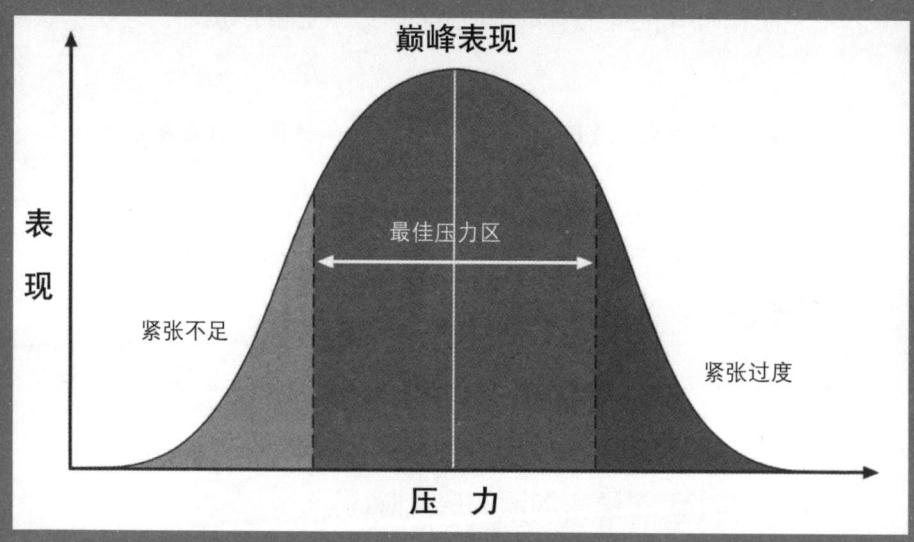

图 4.5 压力区示意图

在"最佳压力区",你的表现将达到巅峰,你的思维逻辑清晰、内容严谨,话语流畅。

第 4 章 / 临场：高效演示中的高效互动

而有的人甚至会出现全部的反应。你一定会为此感到惊讶，其实世界上许多知名演讲人，终身都在与怯场作斗争：

"我有非常非常严重的舞台恐惧症。"
——安德烈·波切利（世界第四大男高音）

"我胆小，而且偏执。反正随你怎么形容。"
——约翰尼·德普（美国影视演员）

"我至今仍遭受着怯场的折磨，甚至因此而生病。"
——海伦·米伦（奥斯卡影后）

"一直以来，我都深陷于怯场的泥潭之中。"
——布里特·艾克拉诺（瑞典影视演员）

"面对一大群人，我会感到焦虑害怕，不知道该把目光放在哪里。我总是能发现前排那个没有鼓掌或者盯着自己手表看的人。"
——芭芭拉·史翠珊（奥斯卡影后、格莱美歌后）

关于怯场问题，美国女歌手史蒂薇·尼克斯的看法十分有趣。她在承认自己总是怯场时说："然而我怀疑，精彩的表演是否就来源于这样的恐惧感？"

这的确很有可能。演示时的紧张感，可以带来正反两面影响。人们当然可能因为过度紧张而表现失常，但也存在与之相反的时候。有些演示人的问题则在于紧张感不足，过于淡定。

什么叫"紧张感不足"呢？

在一次大型的人类压力研究当中，研究者们以 90 年为期，跟踪了1 548人的基本情况,其结果令人震惊:"早逝与缺乏焦虑有关。"很显然,适度的压力是有益的。进行演示时,你需要一定量的肾上腺素,激活你的能量和激情。

然而,压力过大则会触发大脑中"战斗或逃跑"的本能反应。我们之所以在面对压力时会有这样的本能反应,是因为我们的史前祖先们必须每日面对剑齿虎等猛兽的威胁。我们是跑得最快的原始人的后代(因为跑得慢的都被吃掉了)。因此,一旦感到紧张,你四肢里的血液就会被抽走,同时心率猛增。你会感到口干舌燥,身体也开始颤动。与生死暂时无关的身体机能将停止运转,包括深度思考能力。你的身体已完全做好逃跑的准备。是的,大多数演示人都有强烈的逃跑欲望。

> 世界上的演讲者分为两种:会紧张的人和骗子。
>
> 马克·吐温
> 著名作家兼演说家

这种高度应激反应或许在面对猛兽时很管用,但它对演示而言却是一个不小的麻烦。丹尼尔·阿门博士说:"过多的压力,实际上会毁掉你的头脑和身体。皮质醇等压力荷尔蒙会杀死海马体中的细胞,而海马体是大脑处理记忆和情绪的中心。"于是,你的大脑将一片空白。

但在压力过大和压力不足之间,存在着一个令人愉悦的区域,即所谓的"最佳压力区",这就是你所要追求的。

你可以把压力当成一个连续体来思考:当压力过少时,你自满,对当下的任务不感兴趣、不予重视。而压力过大又会把你毁掉。但在"最佳压力区",你的表现将达到巅峰,你的思维逻辑清晰、内容严谨,话语流畅。在这个区域里,你总是精力充沛,也不会因为紧张而发抖。因此,作为演示人,你应该致力于进入"最佳压力区"。

那么问题来了,你要怎样才能进入"最佳压力区"?

做好充分准备

阅读这本书,是你演示准备的其中一部分。你可以按照本书的指导,设计出强有力的信息,以及具有强大冲击力的视觉元素。而在这个过程当中,你也将收获自信。

适当活动身体

既然你紧张的身体想要跑起来,那为什么还要克制呢?

当你跑动或快速走动时,你体内的肾上腺素和皮质醇就会开始燃烧,而你血管里的血液也会流动起来。

适当的身体活动还将消耗你的血糖,让肌肉放松下来。因此,你可以在演示前快速走动几分钟。

冥 想

5～10分钟的冥想能在降低你的皮质醇水平的同时,提升你的黄体酮水平,让你的血液流向大脑。"黄体酮是天然的安神补脑良药,"阿门博士说,"它能有效地安抚大脑,让大脑平静下来。而当黄体酮水平过低,你就会感到焦虑和紧张。"

做呼吸练习

处于压力之下时,你的呼吸会变得更急促,相应地身体也会做好随时战斗或逃跑的准备。为了使自己镇定下来，请闭上眼睛集中精力，用你的腹部进行缓慢、深度的呼吸。如果呼吸方法正确，那么随着呼吸起伏的应该是你的腹部，而不是胸腔。

练习，练习，练习

预先练习几次，你就可以提前通过"战斗或逃跑"阶段。练得越多，你潜意识中的胜任能力就越强。到时候哪怕临场出问题了，你也可以依靠肌肉记忆继续前进。稍后我们会给你一些高效练习的建议。除此之外还有一种减压方式，那就是为自己在演示中可能遇到的问题提前做好准备。

如何处理挑刺儿的听众？

我们的同事汤姆是一位资深演示专家，他曾在巴黎遇到过一群很难搞定的人——某大型制药公司的科研人员，他要为他们梳理清楚几件事。我们知道，科学家们都是出了名的爱与高管作对，高管们也总会以自己"不在场可以让讨论的氛围更加活跃"为借口缺席演示，这些因素大大增加了演示的难度。

了解到这一点后，汤姆在正式演示前排练了许多次，直到他对一切内容都了如指掌。但是，真正到了演示现场，他又要如何处理那些听众席上的硬茬儿呢？

演示刚开始，科学家们就对他发动了猛烈的进攻："我们为什么要来这里听你唠叨？谁是这儿的负责人？你凭什么要我们听你的？为什么没有高管到场？那些胆小鬼都躲哪儿去了？"

其中一位声音特别尖锐的医生，时刻都在炫耀自己的化学工程博士学位。他不屑于听任何学位比他低的人的意见。

汤姆花了半个小时让他们释放不满情绪,而他始终尽可能保持身体语言的中立,不停地点头,同时直视说话者的眼睛。当有人情绪过于激动时,他会朝对方走近一两步,仿佛在和他私下交流一般。当他没能听懂对方的意思时,他就会问:"你为什么这样说呢?"或"你能再说一次吗?"通过倾听,他耗光了科学家们的怒气。

> 排练得越多,你对未知的恐惧就越少。恐惧越少,自信就越多,而越自信,你就越放松,进而更加自信。
>
> 加尔·雷纳德
> 《演说之禅》作者

科学家们怒火稍熄,汤姆就将他们刚才表达的意见重复了一次。然后问,"我对你们刚说的话理解正确吗?"令人惊讶的是,科学家们居然一致赞同,他对他们的想法理解得很透彻。汤姆继续说,"我到这里来的目的,是向大家展示一些理念,这些理念或许能够帮助你们与这家公司更好地合作。你们愿意听一听吗?"

尽管那一场演示充满了各种艰难的问题,但汤姆还是完成了自己的工作。

第二天,当汤姆正一个人在会议室做准备工作时,那位不友好的医生兼化学工程博士走了进来。汤姆起初感到不妙,但对方却面带微笑,热情地与他握手。"我要恭喜你,"他说,"你的工作富有成效，你正在推动我们前进。"

有时候，我们难免遇到很会挑刺的听众，但勉强进行这样的高风险演示又很可能会以失败告终。你也许一辈子都不用像这位演示人一样，陷入如此艰难的困境，而你却可以从他的故事中汲取经验教训。那么，你从他的故事中学到了什么？

针对同一个问题，我的真实答案和能够让你满意的答案或许是完全不同的。

小威廉·F. 巴克利
作家

表示理解与同情

汤姆并没有把自己的观点强加到科学家们身上。相反，他先以一种理解的态度，倾听对方的话语。他让听众们尽情宣泄，但他对此既不表示赞同，也不表示反对。他运用了史蒂芬·柯维提出的第5个习惯：先设法理解他人，才能被他人理解。听完对方的言论后，用更简练的方式把对方的观点重述一次；一旦对方感觉自己得到了理解，就会更加愿意倾听他的观点。

或许你会反对说："但汤姆失去了对会场的掌控，让听众们发泄了半个小时。"

事实上，一切尽在他的掌握之中。当时的会场好比一个高压锅。如果他不花足够的时间倾听，那么听众们的心理压力就会继续上升。而一旦泄了气，他们就能放松下来，更好地集中注意力了。

表示尊重

汤姆是发自内心地尊重他人，他觉得自己没必要"占上风"。他礼貌地聆听他人。他的身体语言是中立的，在尝试理解听众时，他没有表现出任何纠结的情绪。毕竟很多时候，在自我意识的影响下，我们都会在别人对自己无礼时翻起白眼，还口攻讦。换言之，我们会表现出恐慌。但在台上，你最好不要流露出这些情绪。

别让你的身体语言搞破坏。汤姆是非常好的倾听者，他把注意力放在人身上，看着他们的眼睛，在对方说话时礼貌地点头。他更关注的是对方的感受，而不是他自己。

邀请，而不强迫

面对听众的不礼貌，汤姆并没有选择以牙还牙。他所做的一切都是以完成演示任务为出发点的，而他的任务就是帮助这些听众。待时机成熟时，他请求对方的允许，以阐述自己的理念。听众们也因为他愿意倾听自己，而静下心来倾听他。这时候请把"我希望你们这样做"换成"让我邀请大家……"，把"你需要……"换成"你们认为……会怎么样？"

汤姆本人并不是一个巧言令色的骗子。他拥有一颗真正的理解之心，对听众们充满同情和理解。他尊重他们的专业知识和观点，也愿意为人服务，因此听众们本能地相信了他。

警告：小心被问得措手不及！

处理问题，是群体动态中的另一重要主题。如果你能开发出强大的演示信息，说明你已经预见到了一些棘手的问题，并将你的答案融入到了演示当中。

然而,你也可能会遇到意料之外的问题。你是否遇到过这样的情况,当某人问了一个很尖锐的问题后,旁人急忙应和,"对,如果这样怎么办?"除非及时高效地对这些问题进行处理,否则你原本进展顺利的演示就将遭遇滑铁卢。以下是处理问题的一些建议。

告诉听众,你将如何处理问题

一开始就告诉听众,你将在演示中专门安排答疑时段。当然,你还是要做好演示突然被人打断的心理准备。但如果对方总是不停地提问,你也可以问他:"你喜欢怎样处理这些问题。考虑时间关系,我们是现在就解决所有的问题,还是留到演示最后?"

倾听并理解听众的问题

◆ 在回答问题之前,确保自己听清并理解了对方的问题。你喜欢那些总是喜欢打断你说话的人吗?所以不要像他们一样;

◆ 安静倾听,先别说话。当对方提问时,向他走近一两步。这样做有利于在你们之间建立连接,降低对方提出不友善问题的概率;

◆ 回答问题之前,为在场所有人复述一下对方的问题。这能告诉听众,你不但认真倾听问题,还对其进行了深刻的思考。

用 3S 公式来回答

- 用"陈述—论证—总结"的 3S 公式来回答问题。当然，如果你的回答很简短，就不需要总结；
- 把听众都拉到问题中来。别让问答环节变成你与某位听众的二人对话；
- 回答完毕后，询问提问者是否对这样的答案感到满意。如果不满意，你可以考虑将问题抛给其他听众；
- 没人提问？你可以事先自己准备一个问题，如果没人提问，你就把它拿出来。

如果你不知道答案，请实话实说

- 别小声呢喃，"我不知道"。你应该自信地说，"我不知道，但我会找到答案的。"如果你伪造答案又被人识破，那么你马上就会失去听众的信任。因此，不知道答案的时候承认就好；
- 如有必要，把问题转移给听众来回答。

当你面临一个不友善的问题……

- 如果某位听众与你起激烈争执，试试换位思考，或者把问题抛给其他听众。通常你将发现，有很多人会站出来捍卫你的立场；
- 如果提问者执意要求你给出答案，那么你可以选择以"需要继续进行演示"为由拒绝回答。

在问答环节后结束演示

记得说一句结束语。演示结束语应该是你对自己目标的重申,而不是某个听众提出的问题。在问答环节中,你要始终保持冷静、积极、精力充沛的状态,并围绕问题作简短的回答。谁都知道你不可能是一部百科全书,所以请不要假装自己什么都懂。

关于在线问答的几个建议:

网络演示的问答环节有这几个要点需要注意:

- 回答时称呼对方的名字,就好像你们在面对面谈话。听众抛出的问题,是你和他们建立连接的大好机会,因此请好好利用它;
- 如果问题是在聊天窗口中出现,你可以暂时不回复,但这将分散你的注意力。对此,你最好另外请一个学识渊博的人,处理这些问题;
- 尽量不要把问答环节留到最后。人们会因为匆忙下线而错过你的精彩结束语;
- 不要把太多时间花在单个提问者身上。可以的话,在演示结束后继续回答听众的问题。

总 结

为了真正与听众建立连接,你不仅需要强有力的信息、有冲击力的视觉元素,还必须出色地将它们传递出去。归根结底,无论你向听众说什么、展示什么,"你"才是演示的真正信息源。

在你开口说话前,听众就会在见到你的第一眼,迅速接收你在外貌、表情和肢体语言上传递出来的非语言信息。

以强有力的声音更好地传递信息,打造高效演示。

听众将对演示作出怎样的反应确实是不可预测、无法控制的,但你却能通过精心准备,以及对他们表现出足够的理解和尊重,让那些难搞定的听众为你折服。

这样设计出来的演示一定不会让你失望。你是已经做了精心准备的专业人士,你一心想要理解你的听众,并和他们建立良好的连接。显然,你做到了。

>>> **实践**

出色传递演示信息的诀窍，就是练习。

如有可能，找来一个善于倾听，又能给出良好反馈的朋友与你陪练。自我评估从来都不是一件容易的事，因此你需要别人的帮助，比如你的家人、同事甚至是老板。安静倾听对方的反馈，让他们畅所欲言。收起你的防御心理，认真倾听就对了。你也无须接受他们提出的每个意见。以下是关于高效练习的一些建议：

◆ 如果你有好几个陪练，设置快速提问环节，然后尽可能多地收集反馈。不要停下来为自己辩解，你只需要感谢所有人，然后继续你的工作；

◆ 寻求一对一的口头反馈；

◆ 列出你可能被问到的问题。找人向你提出这些问题，并练习回答。处理问题请遵循前面列出的建议；

◆ 练习演示时不要太过匆忙，稳步前进；

◆ 挑一两个反馈着重改进，别被太多反馈压垮。

第 4 章／临场：高效演示中的高效互动

如果你需要练习网络演示，请邀请几位有条件上网的朋友当你的陪练，并让他们给予你反馈意见。以下是相关的练习要点：

非语言印象

◆ 外在形象：你在穿着上应该考虑到摄像头的成像特点，同时判断一下，它是否能让你更加自信；

◆ 目光接触：始终把注意力放到摄像头上，而不是一直盯着屏幕；

◆ 表情：哪怕没人能够目睹你的尊容，你也要时刻保持表情到位。这样一来，听众们就能间接感受到你的情绪，尤其是你对演示主题的热情；

◆ 手势：自然使用手势以提升你的能量；

◆ 移动：时不时站起来，让自己在传递信息的过程中更具能量和激情。

声音

◆ 音量：保持足够大的音量；

◆ 发音：借助远距离传声工具说话时，吐字务必清晰；

◆ 语速：保证语速急缓有度，又有所变化。始终注意你是在对听众们说话；

◆ 音调：在线发言时要注意以音调变化吸引听众的注意。记住，在听众看不见你的情况下，你的声音就是传递情绪的唯一途径；

◆ 停顿：当你希望听众仔细看某一张 PPT 时，停顿一下。

你可以利用这段短暂的停顿思考听众提出的问题，或者发起一场投票之类的活动。

技术

◆ 透彻了解演示平台及其所有功能；
◆ 练习平台功能的使用，包括聊天、投票、翻页、摄像头，以及音频等的操作；
◆ 学会如何直接提取某张PPT并播放出来，避免逐页翻找，费时费力。

PRESENTATION ADVANTAGE
专家解读

1. 掌握第一印象和后续印象

中国的戏曲表演中有所谓的五种技法，即"手眼身法步"。在演示技巧中，同样也有关于手势、眼神、站姿、仪表、表情、步伐等各方面的讲究。

2. 站姿演示

据我的观察，外籍演示者的手势通常要比中国演示者的多一些。每个手势都应该有明确的作用，例如，缓解演示者的紧张感，或让听众对于内容有更好的理解等。在演示中，用及动词，需要形容外观形状、变化趋势、数词之时，配合手势会显得更加自然。

在培训时，我经常会让学员想象一个需要做动作的场景，比如对开车或烹饪进行动作讲解。此时，他们会非常自然地用动作来配合讲解的内容，手势就是内容的具象化表现之一。当学员慢慢关注到内容本身，动作就会是自然的、流畅的，而非僵硬的、机械的。

3. 声音清晰

声音是演示者除了相貌之外的"第二张名片",好的声音能帮助听众更好地接收和理解信息,强有力的声音更能在说服听众方面起到重要作用。

我有幸在早年间接受过气息、发声、台词方面的相关训练,深知好声音的打造绝非一日之功,但如果你想成为一名有影响力的演示者,这绝对值得你去学习和投资。好的声音,让全世界都安静下来、静心聆听。这就是声音和语言的魅力。

PRESENTATION ADVANTAGE

结 语

从高效演示人到伟大沟通者

无论你是站着面对一群听众,向他们展示你的演示,还是坐在休息室一对一聊天;无论你是在与某位客户进行电话会议,还是通过网络和全世界的听众交流。你都必须竭尽全力与听众建立连接,转变他们的思维。

即使你试图改变的是他人的态度和行为,本书原则同样适用,因为你必须和对方建立连接。

想象一下,如果每个人都对本书提供的方法了如指掌,如果每个人都在演示前就已经打造出强有力的信息,如果每个人都知道如何"有目的地转变他人的思维和行为",如果每个人都能用本书的方法出色地传递信息,世界将会发生怎样的变化?

> 低效率的会议将不复存在;人们都能通过高效演示抓住自己需要的、想要的机会;优秀的理念和创意也不再被忽略,它们将帮助更多的公司获得竞争优势。

演示从你开始,你就是自己的首要信息。如果你懂得如何与听众建立连接,对自己的信息充满激情;如果你看上去魅力与能力并举,又能使听众们沉醉于你所阐述的任何主题,那么,你将成为一位伟大的沟通者!

中资海派出品
为精英阅读而努力

自律是更高级的自控

◆ 厨房里飘来培根的香味，让我们胃口大开，却忘记了医生让我们控制胆固醇的建议；

◆ 手机铃声响起，我们的眼神不由自主转向亮起的屏幕，却错过了朋友和家人最真挚的眼神；

◆ 时钟走到7:51时你保证8:00开工，半小时后你又把闹钟设在9:00，你成了"整点爱好者"，却患上了严重的拖延症。

我们的消极反应通常是环境中消极诱因的产物。它们诱使我们以完全不符合自我认知的方式对同事、父母或朋友做出反应。虽然看起来环境并不在我们的掌控中，我们却能选择自己的反应。

然而，选择不等于行动，无论需求多么紧急，改变对我们来说总是很难的事。我们是优秀的策划者，但当环境在工作与生活中发挥影响时，我们就变成了蹩脚的执行者。

[美] 马歇尔·古德史密斯 著
马克·莱特尔
张尧然 译

中资海派出品
定 价：39.80元

**创建持久的行为习惯，
成为你想成为的人**

写给善于制定目标，却难以达成目标的你

风行全球！写给成年人的习惯改造书

"iHappy 书友会"会员申请表

姓　名（以身份证为准）：_____　　性　别：_____

年　龄：_____　　职　业：_____

手机号码：_____　　E-mail：_____

邮寄地址：_____　　邮政编码：_____

微信账号：_____（选填）

请严格按上述格式将相关信息发邮件至中资海派"iHappy 书友会"会员服务部。

　　邮　箱：zzhpHYFW@126.com

　　微信联系方式：请扫描二维码或查找 zzhpszpublishing 关注"中资海派图书"

优惠订购	订阅人		部门		单位名称		
	地　址						
	电　话				传　真		
	电子邮箱			公司网址		邮编	
	订购书目						
	付款方式	邮局汇款	深圳市中资海派文化传播有限公司 中国深圳银湖路中国脑库 A 栋四楼				邮编：518029
		银行电汇或转账	户　名：深圳市中资海派文化传播有限公司 开户行：工商银行深圳八卦岭支行 账　号：4000 0273 1920 0685 669 交通银行卡户名：桂林　　卡　号：622260 1310006 765820				
	附注	1. 请将订阅单连同汇款单影印件传真或邮寄，以凭办理。 2. 订阅单请用正楷填写清楚，以便以最快方式送达。 3. 咨询热线：0755-25970306 转 158、168　　传　真：0755-25970309 转 825 　 E-mail：szmiss@126.com					

　　→利用本订购单订购一律享受九折特价优惠。

　　→团购 30 本以上八五折优惠。